Michael Köhlmeiers
neue Sagen des klassischen Altertums
von Amor und Psyche bis Poseidon

Zu diesem Buch

Wie bekam Psyche den Fluch ihrer Schönheit zu spüren? Was war die Strafe für die Mordtaten der Danaiden? Wie fiel das siebentorige Theben? Wie wurde Theseus aus der Unterwelt gerettet? Mit diesem Band beendet Michael Köhlmeier das gewaltige Unterfangen, die Sagen des klassischen Altertums neu zu erzählen. Er belebt die uralte Tradition des Erzählens, des Umherschweifens und des Geschichtenerfindens. Denn Mythen sind keine festgefügten historischen Stoffe, sondern sie verlangen nach dem lebendigen Atem des Erzählers. Seine berühmt-witzigen Streifzüge durch die antike Mythologie lassen die klassischen Sagen zu dem werden, was sie sind: die wunderbarsten Geschichten der Weltliteratur über Liebe und Tod, über Eitelkeit, Neid und Mitgefühl, lebenskluge, witzige und sinnliche Geschichten.

Michael Köhlmeier, 1949 geboren, wuchs in Hohenems/ Vorarlberg auf, wo er auch heute lebt. Er schrieb zahlreiche Drehbücher, Hörspiele, Theaterstücke und Romane. 1988 erhielt er den Johann-Peter-Hebel-Preis des Landes Baden-Württemberg, 1994 für sein Gesamtwerk den Manès-Sperber-Preis. 1997 wurde er mit dem Anton-Wildgans-Preis und dem Grimmelshausen-Preis ausgezeichnet. Zuletzt erschien sein Roman »Kalypso« (1997).

Michael Köhlmeiers
neue Sagen des klassischen Altertums
von Amor und Psyche bis Poseidon

Piper München Zürich

Von Michael Köhlmeier liegen in der Serie Piper außerdem vor:
Der Peverl Toni (381)
Die Figur (1042)
Spielplatz der Helden (1298)
Die Musterschüler (1684)
Moderne Zeiten (1942)
Sagen des klassischen Altertums (2371)
Neue Sagen des klassischen Altertums von Eos bis Aeneas (2372)
Telemach (2466)
Trilogie der sexuellen Abhängigkeit (2547)

Originalausgabe
Mai 1998
© 1998 Piper Verlag GmbH, München
Umschlag: Büro Hamburg
Simone Leitenberger, Susanne Schmitt, Annette Hartwig
Umschlagabbildung: Archiv für Kunst und Geschichte, Berlin
Foto Umschlagrückseite: Fotostudio Beatrix
Satz: Uwe Steffen, München
Druck und Bindung: Clausen & Bosse, Leck
Printed in Germany   ISBN 3-492-22609-4

Inhalt

Amor und Psyche

*Von der göttlichen Schönheit eines Menschenkindes –
Von Aphrodites Eifersucht – Von einem Konflikt
zwischen Eros und Apoll – Von Zephyros, dem
Westwind – Vom Liebhaber der Nacht – Von drei bösen
Schwestern – Von einem Tropfen Öl – Von drei oder vier
Aufgaben – Vom ewigen Schlaf*

Der spätrömische Dichter Lucius Apuleius – er lebte von
124 bis 180 nach Christus – verfaßte nach dem Vorbild
des großen Ovid eine Sammlung mit Verwandlungs-
geschichten, die heute unter dem Titel *Der goldene Esel*
bekannt ist.

Mehr als Ovid interessierte ihn allerdings die Rah-
menhandlung, die die einzelnen Geschichten verbindet,
das heißt, Apuleius hat sein Buch doch eigentlich wie
einen Roman gestaltet. Es werden die Erlebnisse eines gewissen Lucius erzählt, der durch einen Zauber in einen
Esel verkehrt worden ist. Der satirische Blick von außen
auf den Menschen steht in der Tradition der Tierfabeln,
die kritische Ambition dahinter macht Apuleius zum
Ahnherrn eines Jonathan Swift.

Das zentrale Stück dieser Metamorphosen bildet die
Geschichte von Amor und Psyche.

Ich sag's gleich: Ich möchte den Liebesgott nicht Amor
nennen, sondern Eros. Ich möchte nämlich die Namen
aus der griechischen Mythologie verwenden, nicht ihre
römische Entsprechung. In der griechischen Sagenwelt
sind diese Geschichten gewachsen, dort haben sie die rö-
mischen Dichter gefunden und gepflückt. – Amor ist

Eros, Venus ist Aphrodite, Mars ist Ares. Apoll allerdings bleibt Apoll...

Es war einmal ein König, der hatte vier Töchter, und die jüngste Tochter hieß Psyche. Sie war die Schönheit schlechthin, sie war Schönheit ohne jede Einschränkung, Schönheit ohne Mangel, makellos. Man wagte es nicht, ihr gerade in die Augen zu sehen. Ihre Schönheit verführte nicht, sie schüchterte ein. Sie löste bei den Menschen mehr Frömmigkeit als Begierde aus. Sie war fernes Ideal.

Bald ging das Gerücht um, die kleine Psyche sei die Inkarnation der Aphrodite, der Göttin der Schönheit und der Liebe.

Darunter litt Psyche.

Das ist für jemanden, der nicht so schön ist wie dieses Mädchen, im ersten Gedanken schwer nachzuvollziehen. Aber wenn wir nur ein wenig überlegen, dann verstehen wir, daß ein Ideal nur Leiden bringt, nur Leiden bringen kann – jedenfalls für den, der zum Ideal gemacht wird. Das Ideal können wir vielleicht verehren, und wir verehren es ja auch, aber lieben können wir es nicht.

Die Schwestern der Psyche waren gewiß auch hübsch, aber eben nicht schön ohne Makel und Mangel. Die eine hatte zu buschige Augenbrauen, die andere eine zu spitze Nase, die dritte zu volle Lippen oder ein zu schepperndes Lachen, oder ihre Hüften waren zu breit. Ihre Schönheit war also durch wohltuende Mängel relativiert, da war zuwenig, hier war zuviel. Und gerade das machte, daß die Schönheiten der Schwestern das menschliche Maß, das keinesfalls vom Ideal genommen ist, nicht verließen, und die Männer liebten diese Frauen, und sie begehrten sie, und sie trauten sich auch, es ihnen zu sagen.

So hatten die Schwestern der Psyche Liebhaber und hatten Ehemänner, während Psyche hoch verehrt wurde, aber allein blieb.

Sie konnte bald nicht mehr ohne Vorkehrungen das Haus verlassen. Die Menschen warfen sich ihr zu Füßen. Psyche mußte von Wachen beschützt werden, denn jeder wollte sie berühren – nicht wie ein Mensch einen anderen Menschen berührt, sondern wie Gläubige nach einer wunderwirkenden Statue greifen, um sich Kraft von ihr zu holen.

Altäre wurden für Psyche errichtet. Ihr Ruf drang weit über die Grenzen des Landes hinaus. Es hieß: »Aphrodite ist vom Olymp herabgestiegen und zu uns gekommen.«

Darunter litt Psyche. Sie war ein Mensch, natürlich litt sie darunter.

Und noch jemand litt darunter, nämlich Aphrodite. Aphrodite blickte vom Olymp herab und sagte: »Halt! Ich bin die Gottheit! Ich! Solche Ehrungen gebühren allein mir und nicht diesem Mädchen.«

Auch wenn Psyche schuldlos war an der Hysterie der Menschen um sie herum, auch wenn sie den Kult um ihre Person haßte, weil er sie einengte und ein normales Leben unmöglich machte, ihre bloße Existenz war für die hohe Göttin der Liebe ein Ärgernis.

Nun, Aphrodite hätte das Mädchen vernichten können. Sie hätte Psyche töten können. Der Mensch ist dem Gott ausgeliefert auf Gedeih und Verderb. Aber so gut kannten die Götter die Menschen inzwischen, und sie wußten, daß der frühe Tod eines Idols nur zur endgültigen Vergottung desselben führt.

Einfach auslöschen ließ sich Psyche also nicht. Zu viele Wünsche und Hoffnungen waren auf das Mädchen projiziert worden. Sie mußte gedemütigt, in die Schranken des Menschlichen verwiesen werden. Das Menschliche aber, das hatte die Göttin Aphrodite in Erfahrung gebracht, war zuvorderst das Lächerliche.

Aphrodite rief ihren Sohn Eros. Und sie sagte: »So, mein Sohn, zieh den goldenen Pfeil aus deinem Köcher und schieß ihn in das Herz der Psyche. Sieh zu, daß sich dieses wunderschöne Mädchen in ein lächerlich häßliches Geschöpf verliebt!«

Eros machte sich auf den Weg hinab zur Erde, schritt über das Land, betrat die Stadt, in der Psyche lebte. Pfeil und Bogen hatte er geschultert.

Wer ist dieser Eros, dieser Gott des Begehrens, den die Römer Amor oder Cupido nannten? In der Mythologie gibt es mehrere voneinander abweichende »Biographien« dieses Gottes.

Hesiod, der Theologe unter den antiken Schriftstellern, berichtet in seiner *Theogonie*, daß Eros am Beginn der Zeiten zusammen mit Gaia, der Erde, und Tartaros, der untersten schwarzen Unterwelt, aber auch gemeinsam mit Uranos, dem noch reinen Himmel, aus der Urleere, dem Chaos, geworden sei. Ohne Eros hätte sich nichts bewegt. Nichts wäre entstanden, nichts hätte sich vermischt. Keine Entwicklung, keine Evolution. Eines wäre neben dem anderen verblieben. Eros war es, der Gaia und Uranos in die Umarmung führte. Bei Hesiod ist Eros die Idee der Zeugungskraft, ein Prinzip, nicht eine anthropomorphe Gottheit.

In unserer Geschichte ist Eros ein Sohn der Aphrodite

und des Ares. Die Liebe und der Krieg haben sich also zusammengetan, um das Begehren hervorzubringen.

Wir sehen Eros als den ewigen Jüngling, ewig festgehalten in der aufregenden Zeit nach der Pubertät. Er kennt keine Skrupel, Zweifel schon gar nicht, kennt keinen Respekt, vor den Menschen ohnehin nicht, aber auch nicht vor den Göttern. Sein provozierend offener Blick senkt sich nicht einmal vor Zeus.

Eros wird gemieden. Er hat keinen olympischen Umgang. Er ist allein.

Eros trägt einen Köcher auf seinem Rücken, und dieser Köcher enthält zwei verschiedene Arten von Pfeilen. Da sind zunächst die goldenen Pfeile. Wenn er einen goldenen Pfeil abschießt und uns trifft, dann sind wir verliebt, dann glühen wir vor Liebe, dann können wir nicht anders, als diejenige oder denjenigen zu begehren, die oder der uns vor die Augen kommt.

In einer anderen Kammer des Köchers stecken Pfeile mit Spitzen aus Blei. Sie bewirken Abscheu in uns. Und wenn wir von einem bleiernen Pfeil getroffen sind, dann ekeln wir uns vor dem Menschen, der gerade neben uns steht, und wir sehen zu, daß wir wegkommen.

Aphrodite wollte, daß Eros einen goldenen Pfeil in das Herz der Psyche schießt, damit sie sich in ein häßliches Wesen verliebte. Sie wollte Psyche lächerlich machen. Denn der Mensch betet nicht an, worüber er lacht. Aber es kam anders, als es sich die hohe Göttin der Liebe gewünscht hatte.

Eros betrat den Palast von Psyches Vater. Er wollte das Mädchen erst beobachten, ehe er seinen Pfeil abschoß, wollte sie erst in die Nähe einer lächerlichen Kreatur lotsen, auf die nach Abschuß seines goldenen Pfeils ihr erster Blick fiele. Draußen hatte er sich bereits umgesehen, er war sich noch nicht sicher, welcher Häßlichkeit er die Ehre erweisen wollte, dem Melonenhändler mit der hängenden, tropfenden Unterlippe oder dessen altem, räudigem Hund.

Der immer junge Gott versteckte sich, hielt sich hinter den Säulen, duckte sich in die Vorhänge. Er wollte nicht gesehen werden. Er ist einer, der aus dem Anonymen heraus agiert. Aber als er diese kleine, wunderschöne, ohne Makel schöne Psyche sah, die gerade ihr Gemach verließ, um ins Bad zu gehen, da verliebte er sich in sie. Ihm war, als hätte ihn sein eigener goldener Pfeil mitten ins Herz getroffen.

Er, der Gott der Leidenschaft, verliebte sich in ein Menschenkind! Das war noch nie geschehen. Eros wußte nicht, wie er mit diesem neuen Gefühl umgehen sollte. Er traute sich nicht, Psyche anzusprechen. Er hatte plötzlich Skrupel. Ja, er hatte Zweifel an sich selbst. Und er hatte Respekt vor der fremden Schönheit.

Vor allem aber wollte er der Welt nicht zeigen, daß der Gott der Leidenschaft selber in Leidenschaft entbrannt war. Er überlegte sich: Wie kann ich es anstellen, daß ich Psyche gewinne? Wie kann ich es anstellen, daß auch sie mich liebt?

Er verließ den Palast, und als er über den Marktplatz ging, die Kapuze tief in die Stirn gezogen, da kamen ihm die Menschen, die hier ihrem Gewerbe nachgingen, gar nicht mehr so bemitleidenswert vor. Diese hier, dachte er, sie lieben, wen sie erreichen können. Der Melonenverkäufer mit der hängenden, tropfenden Unterlippe erschien ihm gar nicht mehr lächerlich, und der Hund war ein Hund, nicht mehr und nicht weniger.

Oben auf dem Olymp wandte sich Eros an Apoll: »Du mußt mir helfen«, sagte er. »Siehst du da unten Psyche, die so schön ist, wie nie eine Frau war?«

Apoll hatte Psyche natürlich schon gesehen, ihr Ruf war ja längst bis zum Olymp gedrungen, und die Wahrheit ist, auch Apoll hatte sich in sie verliebt. Aber dem Apoll waren schon so viele Liebeswunden geschlagen worden, daß er sehr vorsichtig geworden war.

Apoll sagte: »Ja, ich sehe Psyche. Was willst du von ihr?«

Und Eros sagte: »Ich habe mich in sie verliebt, ich will sie haben. Du sollst mir helfen, sie zu erobern.«

Apoll hielt sich diesen ewig jugendlichen Gott auf Distanz, er sagte: »Was stellst du dir darunter vor? Wie denkst du, kann ich dir helfen?«

Eros sagte: »Ich kann mir vorstellen, daß du mit deinem Orakel, das du da in Delphi unterhältst, das angeblich die Wahrheit sagt...«

»Was hast du gegen die Wahrheit?« unterbrach ihn Apoll heftig.

»Ich habe gar nichts gegen die Wahrheit«, sagte Eros. »Solange sie einem in der Liebe dienlich ist, kann sie durchaus interessant sein. Ansonsten finde ich deine Wahrheit langweilig.« Für Eros galt nur das Begehren, die Wahrheit war für ihn höchstens ein Argument bei der Balz. »Daß du mit diesem Orakel etwas anstellen könntest, um mir diese kleine, schöne, unvergleichliche Psyche zuzuführen – das meine ich, das kann ich mir vorstellen. Du nicht?«

»Nein, ich nicht«, sagte Apoll. »Das mache ich ganz

bestimmt nicht. Mein Orakel dient der Wahrheit und der Reinheit.«

Da blickte ihn Eros an, gerade, schamlos. Und er sagte: »Apoll, wollen wir wetten, daß du tun wirst, was ich von dir will?«

Hätte das jemand anderer gesagt, Apoll hätte ihn wohl zerschmettert. Aber vor Eros fürchtete er sich.

Eros sprach weiter: »Erinnerst du dich noch, Apoll?«

Und dann erzählte er ihm die Geschichte von Daphne, an die sich Apoll tatsächlich noch sehr gut erinnern konnte. Es wäre ganz und gar nicht nötig gewesen, daß ihm Eros diese Geschichte erzählte.

Der Gott des Begehrens tat es, um Apoll zu verletzen.

Einst hatte sich nämlich Apoll mit Eros gestritten. Das heißt, schuld war Eros gewesen, er hatte Apoll ausgelacht und hatte zu ihm gesagt: »Schau zu, ich bin der bessere Schütze als du!«

Apoll hatte geantwortet: »Das ist lächerlich, was du hier redest. Du wirst doch nicht zu mir, zu dem Gott, der Pfeil und Bogen erfunden hat, sagen, daß du der bessere Schütze bist?«

Er hat Eros beiseite geschoben, voll Verachtung. Da war Eros gekränkt, und er nahm Rache.

Er zog zwei Pfeile aus seinem Köcher, eben einen goldenen und einen bleiernen. Und als er sah, daß Apoll sich einer Nymphe näherte, schoß er den goldenen Pfeil ab, mitten ins Herz des Apoll, und gleich darauf schoß er den bleiernen Pfeil ab, mitten in das Herz der Nymphe.

Diese Nymphe hieß Daphne.

Apoll entbrannte nun in Liebe zu Daphne, aber Daphne war voll Abscheu gegen Apoll.

Das muß man sich vorstellen! Apoll als Liebhaber zu haben wäre für eine Nymphe etwas Wunderbares gewesen. Auch unter den Unsterblichen herrscht eine Hierarchie, und was eine »gute Partie« ist, das wissen die Unsterblichen ebenso wie die Sterblichen. In dieser Hierarchie rangierte Apoll ganz oben. Aber Daphne hatte den bleiernen Pfeil im Herzen, und sie konnte nichts anderes tun, als vor Apoll davonzulaufen. Denn ihr Herz war voll Abscheu.

Apoll lief ihr hinterher, er ahnte ja, was geschehen war, und er rief: »Ich will dir nichts tun, ich will dir nur erklären, was passiert ist. Ich will dir sagen: Warte doch ab, bis das Gift des Pfeils nachläßt, dann können wir weitersehen. Du bist voll Abscheu, weil Eros seinen bleiernen Pfeil auf dich abgeschossen hat, und ich bin voll Liebe, weil ich seinen goldenen Pfeil im Herzen habe.«

Aber Daphne lief, als wolle Apoll ihr die Unsterblichkeit rauben. Und als sie zu einer Schlucht kam, durch die sich ein Fluß schlängelte, da wußte sie nicht mehr weiter, und sie sprach zu diesem Fluß: »Hilf mir, hilf mir, ich werde verfolgt!«

Dieser Fluß hatte Mitleid mit Daphne und verwandelte sie in einen Lorbeerbaum. Da stand sie nun, und als Apoll hinzukam, hatte er seine Liebe verloren auf ewig.

Er schnitt Lorbeerzweige von diesem Baum und flocht daraus einen Kranz, den er von nun an auf seinem Haupt trug – Daphne zu Ehren. Eine Narbe war in seinem Herzen zurückgeblieben: Daß Daphne voll Abscheu vor ihm davongelaufen war, hatte ihn tief verletzt. Apoll hatte zu spüren bekommen, was für böse Wunden Eros den Liebenden schlagen kann.

Diese Geschichte erzählte Eros dem Apoll, und er sagte: »Wenn du nicht tust, was ich von dir verlange, dann werde ich dir diese Qualen noch einmal bescheren.«

Da gab Apoll kleinlaut nach: »Sage mir, was soll ich tun?«

Er habe sich einen Plan zurecht gelegt, sagte Eros: »Wir machen das so: Du schickst über dein Orakel eine Nachricht zum Vater der Psyche und läßt ausrichten, er solle seine Tochter auf den höchsten Berg bringen. Dort werde ihr, läßt du sagen, vom Gott der Liebe ein Bräutigam zugeführt.«

»Und weiter?« fragte Apoll.

»Das ist alles.«

»Und das soll ein Plan sein?«

»Ich finde schon.«

»Dann steht dieses arme Mädchen auf dem Berg, und was dann?«

»Dann wirst du dich um das Weitere kümmern«, sagte Eros. »Das ist mein Plan. Das ist mein Befehl. Ich finde, das ist ein guter Plan.«

Apoll meinte, es bleibe ihm nichts anderes übrig, als zu gehorchen.

Er ließ durch sein Orakel in Delphi dem Vater der Psyche die Nachricht ausrichten. Diese Nachricht war als sehr dringend etikettiert, von einem Gott abgesandt, der Vater traute sich dem nicht zu widersprechen, und er führte seine Tochter auf den höchsten Berg. Er zog ihr ein

Hochzeitskleid an und ließ sie dann allein auf dem Berg zurück.

In der Zwischenzeit war Apoll zu Zephyros gegangen, das ist der Westwind. Er solle ihm helfen, sagte er.

Er sagte: »Zephyros, du mußt mir einen Gefallen tun.«

Und Zephyros sagte: »Warum soll ich dir einen Gefallen tun, Apoll? Laß mich zufrieden! Ich bin nur ein einfacher Wind, ich möchte mit euren komplizierten Göttergeschichten nichts zu tun haben.«

Er ahnte, daß Schwierigkeiten auf ihn zukommen würden.

Aber Apoll ließ sich nicht abschütteln. Er klammerte sich im Sturmhaar des Windes fest und sagte: »Wetten, Zephyros?«

»Was wetten«, sagte Zephyros ärgerlich. »Sind wir Kinder?«

Da blickte ihn Apoll an, gerade und schamlos. »Wetten, Zephyros, du wirst mir helfen? Erinnerst du dich noch?«

Und Apoll erzählte dem Westwind eine Geschichte, nämlich die Geschichte vom armen Hyakinthos.

Einst waren nämlich beide, Apoll und Zephyros, in den Jüngling Hyakinthos mit der schimmernden Haut verliebt. Und für Hyakinthos war das schmerzlich.

Denn Hyakinthos neigte sich ganz dem Apoll zu, er wurde der Geliebte des Apoll. Da war Zephyros erst traurig, dann verzweifelt, schließlich war er von ungeheurem Zorn und von Rachsucht erfüllt.

Als Apoll eines Tages den Diskus warf, um seinem Geliebten zu imponieren, da blies Zephyros, der Westwind, so heftig, daß der Diskus abgelenkt wurde. Der Diskus flog einen weiten Bogen und traf Hyakinthos am Kopf. Hyakinthos war tot.

Dort, wo er starb, wuchs eine Blume, die es bis dahin auf der Welt nicht gegeben hatte, nämlich die Hyazinthe.

Zephyros hatte von diesem Tag an ein quälend schlechtes Gewissen. Das schlechte Gewissen drückte und machte seinen Sturmatem unruhig und böig.

An diese Geschichte erinnerte Apoll den Zephyros. Und er bekam den Zephyros herum.

Der Westwind fragte: »Was soll ich tun?«

Apoll sagte: »Du fliegst hinauf zu diesem Berg und siehst dort dieses junge Mädchen, ihr Name ist Psyche, und du wirst es in den Palast tragen, der am Ende des großen Olivenhains steht. Dort wird jemand auf sie warten, ich kann dir nicht sagen, wer.«

Zephyros tat, wie ihm geheißen. Er flog auf den Berg, wo Psyche stand.

Man fragt sich, was in dem Mädchen vorging. Ihr Vater läßt sie auf einen Berg bringen, dann steht sie dort allein und soll auf einen Bräutigam warten, der vom Gott der Liebe geschickt wird. Es wird Abend, es wird Nacht, die Nacht unter den Sternen ist kalt. Vielleicht hat sich Psyche mit ihrer Rolle als einer ganz und gar Außergewöhnlichen schon abgefunden, so daß sie alles über sich ergehen ließ. Wir wissen es nicht...

Zephyros umwehte den Gipfel des Berges, sah Psyche, und er flüsterte ihr zu: »Was machst du hier?«

»Ich soll auf meinen Gemahl warten«, antwortete sie.

»Schließ die Augen«, säuselte der Wind, »breite die Arme aus, laß dich fallen!«

»Aber da ist ein Abgrund«, rief Psyche.

»Vertrau mir«, wisperte Zephyros, »vertrau mir!«

Da breitete Psyche die Arme aus, schloß die Augen und ließ sich fallen.

Der Westwind aber hob Psyche hoch und trug sie in den Palast am Ende des großen Olivenhains. Es war der Palast des Eros.

Da war sie nun die kleine Psyche, die noch gar nichts vom Leben erfahren hatte, denn ihre Schönheit hatte sie vom Leben ferngehalten. Sie stand in einem großen Palast, der sicher, da haben wir keinen Zweifel, sehr elegant ausgestattet war.

Vielleicht hat sie nach jemandem gerufen. Sicher hat sie nach jemandem gerufen. Aber es antwortete niemand.

Sie ging von einem Raum in den nächsten. Wie viele Zimmer hatte dieser Palast? Unzählige, schien es. Und alle Zimmer waren leer. In jedem Zimmer war ein Diwan, auf den konnte sich Psyche legen, wenn sie müde war. In jedem Zimmer stand ein Tisch, der war gedeckt mit Feinstem und leicht Bekömmlichem. Wenn sie hungrig war, konnte sie davon essen.

Und dann wurde es Abend, und schließlich kam die Nacht. Hatte sie Angst? Ich glaube nicht. Sie hatte ja nie Schlimmes erfahren. Ihr Leben war unter langweiligem Schutz verlaufen. Sie legte sich auf einen der Diwane, blies die Öllampe aus und schlief ein.

Und dann kam Eros.

Er schlich sich ans Lager der Schlafenden. Er zündete die Lampe nicht an. Ja, er hätte es gewiß gern getan. Denn er hätte die schöne Psyche gern betrachtet. Aber er fürchtete, sie könnte erwachen und ihn sehen. Er wollte von ihr nicht gesehen werden.

Er streichelte seine Braut. Denn sie war nun seine Braut. Er umarmte sie, küßte sie. Wer weiß, wie zärtlich der Gott des Begehrens streicheln kann? Niemand weiß es. Psyche wußte es. Sie wachte auf.

Er küßte sie auf den Mund. Noch nie war sie auf den Mund geküßt worden.

»Wer bist du«, fragte sie.

»Ich bin dein Bräutigam«, sagte Eros.

»Willst du dich mir nicht zeigen?«

»Nein.«

Es kam, was kommen mußte: Psyche verliebte sich in diesen Mann.

Eros sagte: »Liebst du mich?«

»Ja«, sagte sie.

»Gut«, sagte er, »dann wollen wir es so halten: Frage mich nie, wer ich bin. Bitte mich nie, mich dir zu zeigen. Willst du das?«

»Ich will«, sagte die Verliebte.

»In der Nacht komme ich zu dir«, sprach der Gott weiter, »in der Nacht liebe ich dich. Am Tag wirst du alles haben, was dein Herz begehrt, aber du wirst mich nie zu Gesicht bekommen. Wirst du damit zufrieden sein?«

»Werde ich«, sagte die Verliebte.

So war es.

Aber am Tag war ihr bald langweilig, und bald war ihr schrecklich langweilig. Wir haben gelernt, alle Stufen und Erscheinungen des Unglücks zu benennen, und wir wissen, die Langeweile ist eine Vorstufe der Depression, wenn sie nicht gar die Depression selbst ist.

Psyche litt an der Langeweile. Und es war wie langsames Sterben.

Eines Nachts sagte sie zu ihrem Gemahl: »Bitte,

komm einmal am Tag, nur einmal. Ich werde die Augen zumachen. Ich schwöre es.«

»Nein«, sagte er, »du schwörst es, und ich weiß, du willst es auch halten. Aber du wirst es nicht halten. Du wirst die Augen öffnen und mich sehen.«

»Aber ich werde krank werden, weil ich so allein bin«, schluchzte sie. »Bitte, erlaube mir wenigstens, daß mich meine Schwestern besuchen kommen. Dann hätte ich am Tag Unterhaltung.«

Eros warnte sie, er sagte: »Deine Schwestern werden fragen, wer dein Geliebter ist.«

»Ja«, sagte Psyche, »das werden sie, natürlich werden sie das. Denn sie lieben mich, und sie wollen wissen, wie es um mich steht. Aber ich werde nichts sagen. Ich werde schweigen.«

Schließlich gab Eros nach.

Er fuhr in den Olymp auf und sagte zu Apoll: »Du, ich brauche dich und Zephyros noch einmal.«

Und Apoll befahl dem Westwind, dem Zephyros, er solle die Schwestern der Psyche holen, solle sie von der Straße wegholen und emporwehen und zum Palast am Ende des Olivenhains tragen.

Und Zephyros tat es.

Die Schwestern staunten über all die Herrlichkeit des Palastes, in dem Psyche wohnte, und sagten sich: Wieder einmal hat es unsere Schöne gut getroffen. Und sie nickten.

Und dieses Nicken konnte alles mögliche bedeuten. Es konnte bedeuten: Ja, wir gönnen es ihr. Aber es konnte auch bedeuten: Was war schon anderes zu erwarten, wir gönnen es ihr nicht.

Sie kosteten von den Speisen, probierten die Diwane aus. Und lobten nur. Zu tadeln gab es ja auch nichts.

Psyche war glücklich. Jeden Tag beschenkte sie ihre Schwestern, und am nächsten Tag waren die Geschenke noch schöner und kostbarer als am Tag zuvor.

Die Schwestern sagten zueinander: »Meine Güte, die hat ja noch mehr, als wir dachten, die hat es ja noch viel besser erwischt, als wir dachten! Gemessen an dem, was die hat, beschenkt sie uns ja wohl zu knapp.«

Und dann sprach es die älteste Schwester aus. Sie tuschelte es den anderen zu: »Was wird das erst für ein Liebhaber sein, den sich da unsere kleine Psyche, dieser Glückspilz, geschnappt hat!«

Und die Zweitälteste tuschelte zurück: »Vielleicht auch nicht, vielleicht gerade das Gegenteil. Warum zeigt er sich uns nicht?«

»Vielleicht ist er häßlich wie ein alter Bocksbeutel«, mutmaßte die dritte.

Sie begannen Psyche auszufragen.

»Was ist mit deinem Mann? Wie sieht er aus? Beschreib ihn uns! Wie ist er zu dir? Erzähl!«

Aber Psyche blieb standhaft und sagte nichts.

Das heißt, sie sagte nicht viel. Ein wenig sagte sie nämlich doch.

»Ich selbst habe ihn auch noch nie gesehen«, sagte sie. »Er kommt nur in der dunklen Nacht zu mir.«

»Aha«, sagte die älteste der Schwestern.

»Hat er das nötig?« fragte die zweite.

Und die dritte wurde offen böse und sagte: »Achtung! Wenn der sich vor dir versteckt, dann wird er allen Grund dazu haben. Wir an deiner Stelle würden uns vor ihm hüten. Vielleicht ist er unglaublich häßlich, vielleicht ist er krank, vielleicht ist er bösartig. Vielleicht ist er gar ein Tier.«

Sie begannen Geschichten zu erfinden. Sie hatten in ihrem Leben nur Mangel erfahren, und der Mangel macht erfinderisch. Und Psyche, die ja nichts vom Leben wußte und die Seele der Menschen nicht kannte, weil sie in ihrer Schönheit vom Leben und von den Menschen immer ferngehalten worden war, sie glaubte diese Geschichten.

Da sagten die Schwestern zu ihr: »Paß auf, Psyche, eines Tages wird sich dein Mann in eine Schlange verwandeln. Du wirst dann schwanger sein, und er wird in dich hineinkriechen, und er wird die Frucht deines Leibes auffressen und wird auch dich töten. Gewiß wird alles so enden.«

Da bekam es Psyche mit der Angst zu tun. »Was soll ich nur machen?« weinte sie.

Und die lieben Schwestern rieten ihr: »Vertrau ganz auf uns. Willst du?«

»Ja«, sagte Psyche.

»Gut«, sagten die Schwestern. »Fangen wir an. Erste Frage: Wie ist es denn in der Nacht?«

Psyche antwortete: »In der Nacht? Schön ist es. Wir lieben uns, dann liegen wir nebeneinander, und dann schlafen wir ein.«

»Aha«, sagte die Älteste.

»Soso«, die zweite.

»Dann mach es doch folgendermaßen«, sagte die dritte. »Wenn er eingeschlafen ist, dein Bräutigam, dann nimm eine Öllampe und leuchte auf ihn. Schau ihn dir genau an! Überprüfe, wer er ist. Wir geben dir noch einen Dolch mit, damit du dich zur Wehr setzen kannst, sollte er gefährlich werden.«

Psyche ließ sich überreden. Sie vertraute nicht mehr

weiter ihrem geliebten Eros, der sie doch so eindringlich gewarnt hatte.

Sie versteckte die Öllampe im Schlafzimmer unter ihrem Bett. Und als Eros eingeschlafen war, zündete sie die Lampe an und betrachtete ihn.

Sie sah: Er war kein häßlicher Mann, er war die männliche Schönheit schlechthin. Und Psyche erkannte in ihm den Gott des Begehrens, und da erschrak sie. Und ihr Erschrecken machte, daß sie zusammenzuckte, und das Zusammenzucken machte, daß ein Tropfen von dem heißen Öl auf die Schulter des Eros fiel.

Eros erwachte und flog davon. Psyche sah ihn nie wieder. Sie hatte ihn verloren.

»Ihr seid schuld«, sagte sie traurig zu ihren Schwestern. »Eros war mein Gemahl, der Gott des Begehrens. Für ihn habe ich den höchsten Berg bestiegen, für ihn habe ich die Arme ausgebreitet. Ich habe die Augen geschlossen und habe mich fallen lassen. Und der Westwind hat mich in seine Arme gehoben. Nun habe ich ihn verloren!«

Und Psyche lief weinend davon.

Die Schwestern aber, die eifersüchtigen, die sagten sich: »Aha, so ging das vor sich! Nicht schlecht! Das können wir auch!«

Und sie stiegen auf den höchsten Berg, breiteten die Arme aus, schlossen die Augen und ließen sich fallen.

Aber Zephyros, der Westwind, der Sohn der Morgenröte Eos und der Sternenhalle Astraios, er fing die Schwestern nicht auf.

Traurige Psyche: Erst wird sie geschlagen mit Schönheit, worüber sich nicht einmal klagen läßt, weil kein Mensch solche Klage verstehen würde. Dann verliert sie auch noch den einzigen Liebhaber, den sie in ihrem Leben hatte, nämlich den Gott des Begehrens.

Psyche streifte von nun an durch die Welt, um ihren geliebten Eros wiederzufinden. Sie streifte durch die Welt und auch durch allerlei Märchenmotive.

Sehen wir, wie es ihr weiter erging: Auf ihrer Suche kam sie zum Palast der Aphrodite. Sie erkannte die Göttin nicht, bat nur darum, sich ausruhen zu dürfen. Aphrodite – die Verursacherin allen Leids unserer Heldin – verstellte sich, tat liebevoll, fragte Psyche aus, sagte ihr, sie wolle ihr helfen, ihren Geliebten wiederzufinden.

»Ich werde dir helfen«, verkündete sie, »aber erst mußt du einige Aufgaben erfüllen.«

In einer Nacht sollte sie einen Saal voll Korn verlesen. Sie schaffte es, denn Apoll schickte ein Heer von Ameisen los, die ihr dabei halfen. Dann sollte sie eine Herde menschenfressender Schafe scheren. Auch dies gelang ihr mit Hilfe Apolls, der ihr durch das Rauschen des Schilfs hindurch Anweisungen gab.

Schließlich wollte Aphrodite, daß Psyche einen Krug voll Wasser aus dem Styx schöpfe, dem Fluß der Unterwelt. Da verwandelte sich Apoll höchstpersönlich in einen Adler und brachte ihr das Wasser.

»Ach«, trällerte Aphrodite, »sagte ich, drei Aufgaben mußt du erfüllen?«

»Ja, drei«, sagte Psyche.

»Da muß ich mich wohl geirrt haben«, sagte Aphrodite. »Ich will obendrein, daß du einen Korb voll Schönheit der Persephone holst.«

Oh, das schien eine unlösbare Aufgabe zu sein! Persephone ist die Göttin der Unterwelt. Wer mit ihr spricht, wer etwas von ihr nimmt, der darf den Hades nicht mehr verlassen.

Aber Psyche, voll Sehnsucht nach ihrem geliebten Eros, tat, was Aphrodite von ihr verlangte. Sie machte sich auf den Weg in die Unterwelt, und sie traf Persephone.

Und Persephone war, wider alles Erwarten, sehr höflich und sehr freundlich zu Pyche, zeigte Verständnis, Sympathie. Sie gab ihr ohne Zögern einen Korb voll von ihrer Schönheit.

Sie sagte nur zu Psyche: »Laß diesen Korb geschlossen, blicke nicht hinein! Dann wird alles gut, dann wird dir nichts geschehen.«

Psyche stieg wieder hinauf in die Welt. Und sie ging und ging, und sie begegnete niemandem, mit dem sie hätte reden können, und die Zeit wurde ihr lang.

Da überfiel sie die Neugierde, und sie öffnete den Korb, und da sank sie nieder und verfiel in einen immerwährenden Schlaf.

Das ist Psyches Geschichte.

Bei Apuleius geht sie aber gut aus. Bei ihm bekommt Psyche ihren Eros, Zeus hat von ganz oben ein Einsehen und mischt sich wohltuend ein.

Der Römer Apuleius hat die alte archaische Geschichte wohl etwas familienfreundlich gestalten wollen. Ursprünglich aber bleibt Psyche auf ewig im Schlaf gefangen. Sie bekommt ihren Eros nicht. Sie wird nicht erlöst.

Inachos

*Von einem, der nur Ruhe und Frieden wollte – Von
einem, der Schiedsrichter werden mußte – Von einem
kleinen, häßlichen Wesen – Von der Kraft des Hasses –
Vom Fluchen – Von einer Kuh – Vom Tränenwasser*

Erinnern Sie sich an Io, die Priesterin der Göttin Hera, die
bejammernswerte Io, die von Zeus in eine Kuh verwandelt wurde, weil er sie vor seiner eifersüchtigen Gattin verstecken wollte? Ich möchte die Geschichte noch einmal
erzählen, diesmal aus einer anderen Perspektive, nämlich
aus der Perspektive des Inachos, des Vaters der Io.

Inachos war ein Gott. Er war ein Flußgott – beziehungsweise eine Art Flußgott. Vielleicht war er kein richtiger Gott, bestimmt war er kein Gott vom Kaliber eines
Apoll oder eines Hermes, eines Ares oder eines Hephaistos. Nein, Inachos gehörte nicht zur Elite der Unsterblichen, hatte keinen Zutritt zum Olymp, keine Altäre
wurden ihm auf Erden errichtet.

Sein Vater war der Titan Okeanos, seine Mutter die Titanin Tethis (nicht zu verwechseln mit der Nymphe Thetis, der Mutter des Achill). Inachos stammte also aus
einem uralten Geschlecht, das lange vor den Göttern
schon da war. Aus einem besiegten Geschlecht stammte
er, einem Geschlecht, das die nun herrschenden Götter in
einer gewaltigen Schlacht geschlagen hatten.

Deshalb habe ich gezögert, Inachos einen Gott zu
nennen. Er gehört zu den vielen Vor-, Zwischen- und

Halbwesen, die nach dem Fall der Titanen, von Göttern und Mythographen mehr oder weniger unbeaufsichtigt, die Mythologie bevölkern.

Als Prometheus uns Menschen aus Lehm und Asche knetete, wird er sich – das ist meine persönliche Spekulation – ebendiese Vor-, Zwischen- und Halbwesen als Vorbild genommen haben. Er selbst war ja ein Titan, und warum sollte er seine Kreatur nicht nach seinem Ebenbild geschaffen haben? Der Charakter des Inachos, wir werden es sehen, war jedenfalls ein durch und durch menschlicher.

Dieser Inachos war eine friedliebende Person. Nichts galt ihm mehr als der häusliche Friede. Er hatte seine Halbschwester Melia geheiratet, und mit ihr lebte er in Bescheidenheit und Ruhe. Melia gebar ihm zwei Söhne und eine Tochter, eben Io.

Io war das jüngste Kind, und dem Vater war sie das liebste.

Gern hob er sie hoch und sagte: »Schau, das ist unser Fluß, er hat noch keinen Namen, aber eines Tages wird er einen bekommen. Und das ist die Argolis, das ist unser Land.«

Und als seine Tochter älter war, nahm Inachos sie an der Hand und ging mit ihr den ganzen Tag spazieren.

Am Abend sagte er zu ihr: »Noch einmal so groß ist die Argolis, unser Land, und noch zehnmal weiter fließt unser Fluß, der vorläufig noch keinen Namen hat, der aber eines Tages einen Namen bekommen wird.«

Des Inachos' ganzes Streben hatte nur ein Ziel: das Leben in Langsamkeit, Bedächtigkeit, Zufriedenheit, Bedürfnislosigkeit und Ruhe im Kreis seiner Familie zu verbringen, ohne bangen zu müssen, ohne hassen zu müssen, ohne vorsorgen zu müssen.

Ein Mann des Paradieses war dieser Inachos.

Und eines Tages wurde ausgerechnet Inachos in einen Streit hineingezogen. Er wurde in einem Konflikt zwischen Hera und Poseidon zum Schiedsrichter bestellt. Es ging schlicht darum, wer von den beiden das Land um Argos, eben die Argolis, in Zukunft besitzen dürfe.

»Was«, fragte Inachos, »welches Land?«

»Die Argolis«, hieß es, »kennst du etwa die Argolis nicht?«

»Freilich«, sagte Inachos, »es ist doch mein eigenes Land. Mein eigener Fluß fließt durch dieses Land. Er hat zwar vorläufig noch keinen Namen, aber er wird eines Tages einen bekommen.«

»Siehst du«, sagte Hera, »deshalb finden wir ja gerade, daß du, Inachos, der ideale Schiedsrichter in unserem Konflikt bist.«

»Aber«, stammelte Inachos, »wie kann ich, der ich der Besitzer der Argolis bin, entscheiden, wem von euch beiden die Argolis gehören soll?«

»Genau«, sagte Poseidon. »Wer könnte das besser entscheiden als du.«

»Das verstehe ich nicht«, sagte Inachos.

»Wir schon«, sagten Hera und Poseidon.

Die beiden olympischen Gottheiten kamen gar nicht auf den Gedanken, die Einwände des Inachos ernst zu nehmen. Sie gehörten zur Familie der großen, der ersten Gottheiten, also hatte sich der Rest der Welt gefälligst nach ihnen zu richten.

»Das heißt also, ihr wollt mir meinen Fluß und mein Land wegnehmen?« fragte Inachos.

»Ja«, sagte Hera, »das heißt es im Grunde.«

»Dafür aber«, sagte Poseidon, »werden wir dir unseren Respekt zollen und uns deinem Urteilsspruch bedingungslos beugen.«

»Tu's nicht«, sagte Melia, des Inachos' Frau.

»Aber was wird dann?« fragte Inachos.

»Sie werden wieder abziehen«, sagte Melia.

»Werden sie nicht«, sagte Inachos.

»Du wirst schon sehen: Erst nehmen sie uns das Land, und dann nehmen sie immer mehr«, sagte Melia.

»Ich gebe ihnen freiwillig das Land«, sagte Inachos, »dann werden sie uns nicht mehr nehmen und zufrieden sein.«

»Sie werden nicht zufrieden sein«, sagte Melia. »Die Götter sind nie zufrieden.«

Melia wird recht behalten. Inachos wird das erst nach langer Zeit einsehen.

Inachos entschied den Streit zugunsten von Hera. Ja, er verzichtete auf seinen Fluß und auf sein Land. Er sagte sich, was soll's, solange ich mit meiner Familie hierbleiben darf, kann es mir doch egal sein, wenn mir das Land und der Fluß offiziell nicht mehr gehören.

Für Hera entschied er sich, weil sie ihm, als er ein Kind war, einmal über den Scheitel gestreichelt hatte. Hera hatte das freilich längst vergessen. Aber Inachos hatte es nicht vergessen.

Poseidon hatte ihm nie über den Scheitel gestrichen. Also ging der zornige Gott des Meeres in diesem Konflikt leer aus.

Natürlich entschuldigte sich Inachos, so gut er konnte, bei Poseidon: »Darf ich dir als Ausgleich vielleicht einen Tempel errichten?«

»Nein«, sagte Poseidon, »deine Tempel interessieren mich nicht.«

»Oder einen regelmäßigen Ritus einrichten?«

»Deine Riten interessieren mich noch weniger!«

Poseidon war gekränkt, und er zog alles Wasser aus der Argolis zurück.

Für Inachos und seine Familie wurde von nun an das Leben schwer. Er mußte das Wasser von weit her schleppen, es mußten künstliche Kanäle angelegt werden. Das war harte Arbeit.

Aber dennoch schwor Inachos nach wie vor auf Sicherheit und auf Frieden. Er arbeitete härter und länger. Aber am Abend empfing er Gäste, und er gab den Wanderern und gab den Bettlern. Er verlegte sich nicht auf Straßenraub, wie es andere in seiner Lage taten.

»Friede«, sagte er. »Ich will Friede. Haß macht das Brot weder größer noch weicher.«

So vergingen die Jahre.

Dann kam Hera eines Tages wieder einmal in die Gegend. Vielleicht wollte sie ihren Besitz ansehen, vielleicht aber hatte sie auch längst schon vergessen, daß die Argolis ihr gehörte.

Sie fragte Inachos: »Bist du zufrieden?«

»Ja«, sagte er, und es war nicht gelogen.

»Du denkst, die ganze übrige Welt sollte ebenfalls zufrieden sein, stimmt's?«

»Stimmt«, sagte Inachos.

»Ich zum Beispiel«, sagte Hera, »ich bin nicht immer zufrieden.«

»Aha«, sagte Inachos. Er dachte, es gehöre sich für ihn nicht zu fragen, warum die Göttermutter Hera nicht immer zufrieden sei.

»Zur Zeit zum Beispiel«, sprach Hera weiter, »zur Zeit zum Beispiel bin ich sogar ganz unzufrieden. Ich will, daß man einen Tempel für mich errichtet. Könntest du das nicht übernehmen?«

»Tu's nicht«, sagte Melia, des Inachos' Frau. »Laß dir eine Ausrede einfallen.«

»Aber dann zürnt uns die Göttin«, sagte Inachos.

»Und wenn«, sagte Melia, »viel härter kann unser Leben nicht werden.«

»Ich trau mich nicht«, sagte Inachos.

»Ach«, sagte Melia.

Und Inachos beugte sich abermals und baute einen Tempel für die Göttin Hera.

Als der Tempel fertig war, kam die Göttin und sagte: »Einen schönen Tempel hast du für mich gebaut, Inachos. Ich will dich belohnen. Was wünschst du dir?«

»Ach, das ist nicht nötig«, sagte Inachos, und auch das war nicht gelogen.

»Aber ich möchte dir doch etwas schenken«, sagte Hera.

»Nimm nichts«, sagte Melia, des Inachos' Frau.

»Ein Geschenk von den Göttern muß man annehmen«, erwiderte Inachos, und zu Hera sagt er: »Also gut, dann schenk mir halt etwas.«

»Ich werde dir zum Dank für den schönen Tempel eine Ehre erweisen«, sagte Hera. »Ich will, daß deine Tochter Io meine Priesterin wird.«

»Was Priesterin!« empörte sich Melia, des Inachos' Frau. »Unsere Tochter soll heiraten und Kinder kriegen! Nichts anderes will sie!«

Inachos hatte mit Io ähnliche Pläne gehabt. Aber wieder traute er sich nicht, der Göttin zu widersprechen, wieder gab er nach.

Io wurde Priesterin der Göttin Hera.

Lange Zeit ging alles gut.

Dann träumte Io eines Nachts von Zeus. Der oberste Gott trat vor die Schlafende hin und sagte, er begehre sie, er wolle sich zu ihr legen. Er sei der oberste Gott, ihm müsse alle Kreatur gehorchen.

Io erwachte vor Schreck, und ihr Herz klopfte so sehr, daß sie nicht mehr einschlafen konnte. Sie, die Priesterin der Hera, wurde versucht, ihre Göttin zu betrügen, und das ausgerechnet mit deren Gatten!

Io erzählte ihren Eltern am nächsten Morgen von diesem Traum. »Was soll ich tun?«

»Da siehst du's!« sagte Melia.

Inachos aber: »Noch nie hat einer aus unserer Familie von Zeus geträumt. Ich habe keine Erfahrungen mit solchen Träumen. Ich will ein Orakel befragen.«

Das Orakel sagte: »Vorsicht, höchste Vorsicht! Wenn du dich und deinen Frieden retten willst, Inachos, dann bringe Io, deine liebste Tochter, aus dem Land. Sie muß euch verlassen! Du sollst sie nie mehr wiedersehen. Sonst ist dein Friede dahin.«

Inachos war erschüttert über diesen Orakelspruch, denn er liebte seine Tochter sehr, er wollte sie nicht fortschicken, er wollte die Familie zusammenhalten.

»Pfeif auf den Orakelspruch«, sagte Melia, des Inachos' Frau. »Ich will meine Tochter nicht hergeben!«

»Aber das Orakel hat gesagt...«

»Aus dem Orakel sprechen die Götter«, fuhr ihn Melia an.

Das sei nicht erwiesen, erwiderte Inachos und wiederholte, ihm sei nichts heiliger als der Friede, und darum gehorchte er dem Orakel.

»Komm«, sagte er zu Io und führte sie an die Grenzen der Argolis.

Es kam, wie es kommen mußte: Io entging der Begierde des Zeus nicht. Am Ende verwandelte sie der oberste Gott in eine Kuh, und Hera schickte eine Bremse, und diese Bremse jagte Io über die ganze Welt.

Bis zum Kaukasus kam sie, dort jammerte sie dem Prometheus ihr Schicksal vor, wie uns Aischylos berichtet.

Das Unglück war über den friedfertigen Inachos gekommen.

»Der Friede, die Ruhe, sie waren mir doch immer das wichtigste!« rief er immer wieder und wieder und raufte sich das Haar.

»Vielleicht ist gerade das dein Verhängnis«, sagte seine Frau, und zum ersten Mal gab es Streit in der Familie, heftigen Streit.

Von nun an saß Inachos nur noch vor seinem ausgetrockneten Flußbett, das ihm nicht einmal mehr gehörte, und weinte. Er bestellte die Felder nicht mehr, er kümmerte sich nicht mehr um den Haushalt, er saß nur noch da und weinte.

Als er so dasaß, bemerkte er auf einmal ein kleines Wesen auf sich zuhumpeln. Er konnte nicht erkennen, was es war. Es sah aus wie ein menschliches Wesen und doch wieder nicht, wie eine zusammengeschrumpelte, ausgetrocknete, winzige weibliche Person sah es aus und doch wieder nicht.

Dieses Wesen näherte sich ihm hinkend und fragte mit dünner Stimme: »Was tust du hier?«

Inachos sagte: »Ich sitze hier und leide.«

Da sagte das Wesen: »Schau mich an: Ich leide auch.«

Und Inachos sagte: »Ja, wir leiden beide.«

Und das Wesen, das kleine, verschrumpelte, sagte: »Schau mich genau an!«

Und Inachos besah sich das Wesen von allen Seiten.

»Ist es nicht so, daß ich vielleicht ein bißchen weniger leide als du«, fragte das Wesen, »daß du mich vielleicht beneidest, ein bißchen wenigstens – ein kleines bißchen wenigstens?«

Inachos sagte: »Nein, ich beneide dich nicht.«

»Gibt es niemanden, den du beneidest?«

»Ich beneide niemanden.«

»Auf der ganzen Welt niemanden?«

»Ich beneide niemanden auf der ganzen Welt.«

»Aber das kann doch nicht sein«, krächzte das kleine Wesen, und bitterste Verzweiflung klang aus dem Stimmchen, »wenn es jemandem schlecht geht, dann muß er doch Neid empfinden.«

»Nein, Neid empfinde ich nicht.«

Das Wesen schien noch kleiner und seine Stimme noch dünner zu werden.

Es sagte weiter: »Aber du mußt doch so etwas wie Haß empfinden, denn an deinem Unglück ist doch jemand schuld!«

»Ja«, sagte Inachos, »Zeus ist an meinem Unglück schuld, und Hera ist an meinem Unglück schuld, und ich bin traurig.«

Das Wesen ließ nicht locker. »Haßt du diesen Zeus nicht?«

»Ich kann doch nicht Zeus hassen«, sagte Inachos. »Niemand kann den obersten Gott hassen. Ich bin traurig. Das ist alles.«

Und das Wesen wurde noch kleiner und noch jämmer-
licher, und es bohrte weiter und quiekte: »Überlege genau, Inachos! Suche dein Innerstes ab! Es tut dir vielleicht
gut, wenn du in deiner Seele so etwas wie Groll auf diesen
Zeus findest, der dir dein Liebstes genommen hat.«

»Meinst du?« fragte Inachos.

»Ich weiß es«, säuselte das Wesen.

Inachos dachte nach, plötzlich sagte er: »Ja, das ist
wahr. Wenn ich recht überlege, dann merke ich, daß es in
mir doch böse Gefühle gegenüber Zeus gibt.«

»Na, siehst du!«

Zu seinem Erstaunen sah Inachos, daß das Wesen zu
wachsen begann, es erblühte. Und das stachelte ihn an.

»Ja, und wenn ich ganz genau überlege, habe ich auch
einen Zorn auf Hera, die nicht auf ihre Priesterin aufge-
paßt hat.«

Das hatte er schon in einem ziemlich heftigen Ton gesagt, und das Wesen wurde immer größer, es wurde eine
Frau mit glatter Haut und mit roten Wangen.

»Weiter«, drängte das Wesen, »sprich weiter! Weiter,
weiter!«

Da ließ Inachos alle seine Skrupel fahren und erntete
das Gift in seinem Herzen ab. Erst hatte er ja noch ruhig
gesprochen, dann wurde er immer lauter, immer heftiger,
schließlich schrie und schimpfte er und bedachte Zeus
und Hera mit bösen Namen. Und auch an Poseidon ließ
er kein gutes Haar, der hatte ihm schließlich seinen Fluß
genommen.

»Alles haben sie mir genommen, die Götter«, rief
Inachos.

Wer war dieses Wesen? Wer war diese Frau?

Homer sagt über sie: »Was sie einmal begonnen hat,

davon kann sie nicht mehr lassen. Von ihrer kleinen Gestalt wächst sie zu gigantischer Größe und Schönheit empor.«

Es war Eris, die Göttin der Zwietracht, die sich vom Neid und vom Haß der anderen nährt, und wenn Neid und Haß wieder verschwinden, dann trocknet sie aus.

Eris legte eine der Ursachen für den Trojanischen Krieg, als sie bei der Hochzeit von Peleus und Thetis den berühmten goldenen Apfel warf. Und als der Krieg tobte, wollte sie nichts anderes hören als das Stöhnen der sterbenden Krieger – berichtet uns Homer.

Eris war es, die den Neid und den Haß und die Mißgunst in Inachos wachgerufen hatte. Nun war er nicht mehr traurig, und er weinte nicht mehr um seine Tochter Io. Er wütete weiter gegen Zeus und gegen Hera und schimpfte auf Poseidon.

Und siehe da, der Haß hat seiner Seele gutgetan. Kraft kam in ihm hoch. Er zog durch das Land und predigte den Menschen.

Er sagte: »Vertraue du nicht dem anderen, vertraue schon gar nicht den Göttern!«

Neben ihm, unsichtbar für die Menschen, schritt Eris einher, inzwischen gigantisch gewachsen zu einer herrlichen Gottheit.

»Und was ist mit mir?« fragte ihn Eris eines Tages.

»Was soll mit dir sein«, fragte Inachos zurück.

»Vertraust du mir?«

Da überlegte Inachos. Und schließlich sagte er: »Nein, dir auch nicht.«

»Das ist gut«, sagte Eris. »Was willst du von mir als Pfand, damit du mir vertraust?«

»Ich will kein Pfand von dir«, sagte Inachos. »Denn

an deinem Vertrauen liegt mir nicht das geringste. Ich will einen Lohn von dir. Das will ich. Mir, mir allein verdankst du deine Größe und deine Schönheit. Wenn ich es will, dann wirst du wieder klein und häßlich.«

»So ist es«, sagte Eris. »Also, was willst du?«

»Wann bekomme ich meine Tochter zurück?« fragte Inachos.

Eris, die Zwietracht, lügt grundsätzlich, vielleicht ist sie die einzige Gottheit, die lügt, das gehört zu ihrem Geschäft. Außer ihr hat es kein Gott nötig zu lügen.

Eris sagte: »Gut, ich werde dir deine Tochter zurückgeben. Aber erst fluche noch ein wenig weiter auf die Götter.«

Und Inachos fluchte los, er verfluchte Zeus, er verfluchte Hera, er verfluchte Poseidon, er verfluchte den ganzen Olymp. Er tat es, und Eris wuchs immer weiter und wurde noch schöner, noch herrlicher.

Schließlich sagte Inachos: »Jetzt muß es genügen, jetzt mußt du zufrieden sein.«

Und Eris sagte: »Das genügt mir alles noch nicht. Du mußt wissen, ich bin nie zufrieden.«

»Mehr fluchen als ich kann niemand«, sagte Inachos. »Ich habe schon alles verflucht, was da lebt.«

»Das genügt mir nicht«, sagte Eris. »Ich brauche mehr.«

»Es gibt aber nichts, was ich nicht schon verflucht hätte«, sagte Inachos.

»Dann verfluche deine Nachkommenschaft!« forderte Eris.

»Nein, das werde ich nicht tun«, sagte Inachos. »Ich werde doch nicht meine Tochter verfluchen, für deren Heil ich mich dir verschrieben habe.«

»Dann verfluche deine Nachnachkommenschaft, verfluche deine Enkel!«

»Nein, das werde ich ebenfalls nicht tun«, rief Inachos. »Dann mache ich ja meine Tochter unglücklich. Sie wird ihre Kinder lieben, wie ich die meinen geliebt habe.«

»Dann verfluche die Kinder deiner Enkel«, schrie die große Zwietracht.

Es begann ein Feilschen um das Fluchen. Schließlich einigten sie sich auf die fünfte Generation. Inachos sagte sich: Von denen werde ich sowieso niemanden kennen, und ich werde auch niemanden kennen, der jemand von denen kennt, da ist es mir egal, was mit ihnen geschieht.

Und so verfluchte Inachos, der immer ein Friedlicher sein wollte, sein eigenes Blut.

Und wie sah es bald aus in der Welt? Die Welt war ruiniert! Überall herrschten Streit und Hader, die Steine fielen übereinander her, die Pflanzen richteten ihre Dornen gegeneinander, die Tiere stritten und bissen sich, die Menschen sowieso. Das war das Werk der Eris.

Und was sagten die Götter dazu?

Zeus blickte herab vom Olymp und sagte: »Schluß! Da muß ein Ende gemacht werden!«

Er schickte die Erinnye Tisiphone aus, das ist die Mordrächende. Sie solle das Tohuwabohu wieder beseitigen.

Wir wissen nicht, warum Zeus ausgerechnet diese Furie losgeschickt hat, warum nicht Alekto, die Nie-Endende, deren Qualen zwar nicht allzu schmerzhaft sind, aber dafür nie aufhören, oder warum er nicht Megaira ausgesandt hat, die Neidische, die aufs Bohren in der Herzgegend Spezialisierte.

Was tat Tisiphone? Sie schaute sich die Situation zunächst einmal an, sah, daß alles auf der Erde in Hader zerfallen war, daß die Pflanzen sich voneinander abwandten, daß die Tiere sich gegenseitig haßten, daß die Menschen sich nur im Haß begegneten.

Und sie sah, daß Inachos der Schuldige war. Sie fragte nicht danach, was die Gründe für Inachos' Haß waren. Es kümmerte sie nicht, daß Zeus selbst es gewesen war, der den Keim dafür gesät hatte, als er Io, die Tochter des Inachos, entführt und in eine Kuh verwandelt hatte, daß Hera und Poseidon wesentlich am Unglück dieses Mannes schuld waren, weil sie ihm sein Land und seinen Fluß geraubt hatten.

Die Furie Tisiphone war eine exzellente Technikerin der Qual. Sie ging über die Erde, pflückte ein Blatt von dieser Pflanze ab, riß ein paar Haare von jenem Tier aus, ein paar Federn von diesem Vogel, zupfte an der Haut jenes Menschen. Von allen Dingen und allen Wesen nahm sie ein klein wenig. Daraus flocht sie einen grausamen Strick. Und diesen Strick wand sie um das Herz des Inachos. Und aller Haß, alle Zwietracht, aller Neid, jeder böse Gedanke, alle bösen Wünsche, kurz: alle Übel der ganzen Welt schnitten ins Herz des Inachos.

Das ist für einen einzelnen zuviel. Das hält niemand aus. Inachos stürzte sich in seinen Fluß. Aber da war kein Wasser. Poseidon hatte ihm ja vor langer Zeit den Fluß ausgetrocknet. Und Inachos stürzte auf die harten, trockenen Steine.

Da hatte Zeus dann wohl doch so etwas wie Erbarmen mit diesem gequälten Mann.

»Wir müssen etwas für ihn tun«, sagte er zu Hera, seiner Frau.

»Dann tu doch etwas«, sagte sie.

»Worunter leidet er eigentlich?« fragte Zeus.

»An sich selbst leidet er«, sagte Hera.

Zeus verwandelte Inachos. Das liegt nahe. Wenn einer an sich selbst leidet, dann scheint es richtig, wenn er ein anderer wird.

»Dann soll er eben ein Fluß werden«, sagte Zeus. »Soll er doch zum Fluß seiner Heimat werden! Soll er doch zum Gott dieses Flusses werden.«

Oh, der Fluß seiner Heimat – der war ausgetrocknet, dem hatte doch Poseidon vor Jahren das Wasser genommen! Aber das interessierte Zeus nicht weiter. Er verwandelte Inachos in einen ausgetrockneten Fluß, sozusagen in die Idee eines Flusses – was für eine irrationale, was für eine aberwitzige Existenz!

Und eines Tages kam Io, die immer noch eine Kuh war und immer noch von Heras Bremse um die Welt verfolgt wurde, eines Tages kam sie an das Ufer dieses ausgetrockneten Flusses. Und ihr Vater, der in seiner aberwitzigen Existenz dalag, erkannte sie.

Und Io erkannte ihren Vater, aber sie konnte sich nicht mit ihm verständigen. Mit dem Huf schrieb sie ihre Geschichte in den Sand.

Da weinte Inachos, und die Tränen füllten das Flußbett. Und damit war auch endlich Friede eingekehrt in das Herz des Inachos.

Io aber irrte weiter über die Erde, sie kam ins Land der Graien, das sind alte, häßliche Frauen, die lachten Io aus.

Sie riefen: »Du großes Tier rennst vor so einer winzigen Bremse davon!«

Da stach die Bremse Io in den Rücken, und Io trampelte drauflos und rannte die Graien über den Haufen und schlug ihnen die Zähne aus und schlug ihnen die Augen aus.

Seither haben die Graien nur ein Auge und einen Zahn. Und als Perseus sie später besuchte, nahm er ihnen auch noch diesen einen Zahn und dieses eine Auge weg. Aber das ist eine andere Geschichte...

Schließlich gelangte Io nach Ägypten, dort war sie am Ende und wollte nicht mehr weiter.

Sie sagte: »So, jetzt ist es entschieden. Hier werde ich sterben, geschehe, was wolle.«

Da erbarmten sich Zeus und Hera ihrer, und sie sahen sich an, und sie sahen, das Ganze war das Werk der bitteren Eris.

»Trotzdem hättest du nicht meiner Priesterin Io im Traum erscheinen sollen«, sagte Hera.

Und Zeus sagte: »Natürlich schlafe ich gerne mit Frauen, Nymphen, Göttinnen, aber du mußt einsehen, das ist darüber hinaus auch mein Schöpfungsauftrag.«

Hera räumte ein: »Das verstehe ich. Aber kann man das nicht irgendwie diskreter machen – auf eine Art und Weise, die mich nicht eifersüchtig macht? Du bist doch der oberste Gott, laß dir etwas einfallen, ein Wunder oder so...«

Zeus ließ sich etwas einfallen. Er berührte das Fell der Io. Da verwandelte sich Io zurück in eine Frau, die obendrein schwanger war. Zweifellos ein Wunder.

Sie war schwanger mit Epaphos, das heißt: »der durch Berührung Gezeugte«. Damit war Hera zufrieden.

Io ließ sich in Ägypten nieder, sie wurde dort als Göttin verehrt, ihr neuer Name war Isis. Ihr Sohn wurde als Apis verehrt.

Was aber ist aus Inachos geworden? – Wir sagten, vorläufig sei Friede in sein Herz eingekehrt. Er war ein Fluß,
in dem Tränenwasser floß.

Eines Tages setzte sich ein verschrumpeltes, kleines,
staubiges, dünnlippiges Wesen an das Ufer dieses Flusses
und sagte: »Ich habe Durst.«

Inachos, der Fluß, sagte: »Mein Wasser kannst du
nicht trinken.«

»O doch, das kann ich schon«, sagte das Wesen und
schlürfte das salzige Tränenwasser. »Das schmeckt köstlich!«

Inachos sagte: »Was? Salzwasser schmeckt köstlich?
Wem kann denn Salzwasser schmecken?«

Da sagte dieses Wesen: »Einer Bitteren schmeckt Salzwasser. Mir schmeckt es. Ich bin eine Bittere. Erkennst du
mich denn nicht wieder? Ich bin Eris. Ich hoffe, du erinnerst dich noch an unsere Abmachung. Du hast die
fünfte Generation deiner Nachkommenschaft verflucht.
Das gilt. Das gilt immer noch.«

Inachos sagte: »Nein. Das gilt nicht mehr. Denn du
hast mich belogen. Ich habe meine Tochter nicht zurückbekommen.«

Da sagte Eris: »Siehst du, eine Göttin kann vielleicht
lügen, ein Wesen wie du, wenn das flucht, dann gilt dieser Fluch. Die fünfte Generation nach dir, sie wird verloren sein, glaub mir, sie wird verloren sein...«

Die Danaiden

Von der ägyptischen Linie – Von Belos und Agenor, den Urvätern – Von Kinderfeindschaft – Von der Flucht nach Griechenland – Von einem verfilzten Wasserbauch – Von vernachlässigten Nachtwachen – Von Hypermnestra und ihrer Mission – Von Lynkeus und seiner Mission – Vom Heranrücken des Feindes – Von einer Massenhochzeit und einem Massenmord – Von einer klassischen Strafe

Zeus berührte Io, sie verwandelte sich, und sie war keine Kuh mehr, sondern wieder eine Frau. – Und sie war schwanger.

Io gebar also einen Sohn. Sie nannte ihn Epaphos. Eine Zeitlang lebten Mutter und Sohn unbekannt, unbelästigt, in Ruhe gelassen in Ägypten. Dann kam das Gerücht auf, die beiden seien Götter oder zumindest Göttersprößlinge. Verehrung setzte ein. Die Augen wurden vor ihnen gesenkt, Geschenke vor ihre Tür gelegt.

Io wird sich wohl gedacht haben: Oh, besten Dank, das steht mir wirklich zu. Nach all dieser Qual, die ich erlitten habe, lasse ich mich gern als Göttin feiern.

Die Menschen beteten zu ihr als Isis, ihren Sohn nannten sie Apis. – So berichtet uns jedenfalls Herodot.

Apis war ein ägyptischer Gott, ein Stiergott, und er wurde König des Landes. Er heiratete eine gewisse Memphis, die eine Tochter des Nils war. Apis gründete eine Stadt und gab ihr den Namen seiner Frau.

Aus der Ehe zwischen Apis und Memphis entsproß Libye. Nach ihr wurde ein großer Teil des nördlichen Afrika benannt, nämlich Libyen. Sie ließ sich mit dem

44

Meeresgott Poseidon ein, und sie gebar ihm zwei Söhne, Belos und Agenor.

Wir sind nun bei der vierten Generation nach Inachos angelangt. Noch wirkte der Fluch des Ahnen nicht. Betrachten wir Belos und Agenor, so muß man sogar sagen, die beiden waren besonders gesegnet. Sie waren die Stammväter eines großen Teils der mythischen Welt Griechenlands.

Agenor war der Vater der Europa. Europa, von Zeus nach Kreta entführt, war die Mutter des Minos. Mit Minos nimmt der kretische Sagenkreis seinen Anfang. Kadmos, ein Sohn des Agenor, wird Theben gründen. Ödipus wird sein Nachkomme sein.

Belos hatte zwei Söhne, nämlich Danaos und Aigyptos. Durch sie wurde auch er zum Ahnherrn großer Heroengeschlechter.

Von Danaos und Aigyptos will ich berichten.

Aigyptos und Danaos waren die Erfinder des reinen, des unverstellten Hasses. An Danaos und Aigyptos zeigte der Fluch des Inachos seine vollen Blüten. Wir sind bei der fünften Generation angelangt.

Schon im Mutterschoß, so hieß es, haßten sich die beiden. Sie kehrten sich in der Fruchtblase die Rücken zu, weil sie sich nicht in die Gesichter sehen wollten. Ihre Bewegungen machten ihrer Mutter große Schmerzen. Als die Zeit der Geburt gekommen war, drängten sie sich darum, wer der erste sein sollte. Jeder von beiden wollte natürlich der Erstgeborene sein.

Schließlich haben sowohl Danaos als auch Aigyptos eingesehen, daß sie gleich stark waren, daß keiner von ihnen der erste sein konnte. Da hätten sie, so heißt es, noch im Mutterschoß die Strategie geändert.

Nicht mehr sei es nun jedem von beiden darauf angekommen, selbst der erste zu sein, also sich selbst zu nützen, sondern dem anderen zu schaden, das sei von nun an das Ziel gewesen. Das nennt man reinen, unverstellten Haß. Diesem Haß geht es nicht darum, sich selbst größer, sondern den anderen kleiner zu machen.

Ihre Mutter schrie unter Schmerzen. Schließlich mußten Danaos und Aigyptos aus ihrem Leib geschnitten werden. Gleichzeitig traten sie in die Welt, keiner gönnte dem anderen auch nur einen Millimeter Vortritt.

Ihre Mutter aber starb.

Die beiden Brüder wuchsen während ihrer Kindheit getrennt voneinander auf. Es mußte sein. Erst hielt man die Buben in verschiedenen Zimmern. Sie schlugen die Türen ein und fielen übereinander her. Dann brachte man sie in verschiedenen Vierteln der Stadt unter. Aber in der Nacht schlichen sie sich aus dem Haus, trafen sich und schlugen sich auf dem Marktplatz die Nasen blutig.

Schließlich wurden sie an die Enden des Reiches verbannt, der eine weit nach Westen, der andere weit nach Osten.

Ihr Vater Belos sah, die beiden würden sich nie vertragen. Eine gemeinsame Regentschaft nach seinem Tod war eine Illusion. Er wollte sein riesiges Reich eigentlich nicht teilen, aber er wußte auch, es würde ihm nichts anderes übrigbleiben.

Um einen Erbstreit zu verhindern, übergab er schon zu seinen Lebzeiten den arabischen Teil seines Reiches an Aigyptos und den libyschen Teil an Danaos.

Dann starb Belos.

Der reine, unverstellte Haß, der kein Motiv kennt, der keine Argumente benötigt, der sich selbst Grund genug ist, dieser Haß ist nicht befriedbar. Kein Testament kann ihn beruhigen, keine Verträge können ihn binden, keine Verhandlungen ihn besänftigen.

Danaos wollte Aigyptos unter sich sehen, und Aigyptos wollte Danaos unter sich sehen. Nein, es ging den beiden nicht um das Land, es ging ihnen nicht um Besitz, nicht um Reichtum, nicht um Ruhm und Ehre, nicht einmal um die Macht in der Welt war es ihnen zu tun. Danaos war auf die Vernichtung seines Bruders Aigyptos aus, und Aigyptos wollte das Leben des Danaos zerstören.

Solcher Bruderhaß begegnet uns immer wieder in der griechischen Mythologie. Ich erinnere an Atreus und Thyestes. Von Eteokles und Polyneikes, den Söhnen des Ödipus, werde ich noch berichten.

Aigyptos hatte fünfzig Söhne, Danaos hatte fünfzig Töchter. Es ist bezeichnend, daß wir weder Nachricht über die Mütter der Söhne noch Nachricht über die Mütter der Töchter haben.

Viele Jahre war Ruhe. Schon hieß es, die beiden Brüder hätten aufeinander vergessen, ihr Haß sei in ihrer Alltäglichkeit untergegangen. Weit gefehlt!

Eines Tages kam Aigyptos an den Hof des Danaos. Danaos war erstaunt, und er war verängstigt. Er dachte sich: Wenn mein Bruder freiwillig zu mir kommt, dann kann das nur etwas Schlimmes bedeuten.

Aber Aigyptos beugte sein Haupt vor seinem Bruder und bat um Einlaß.

Danaos sagte: »Mißverstehe mich nicht, aber wir

haben eine lange gemeinsame Geschichte des Hasses hinter uns. Laß uns bereden, was wir zu bereden haben, hier draußen unter freiem Himmel wollen wir sprechen, damit Zeus Zeuge unseres Gesprächs sein kann.«

Aigyptos sagte: »Ich habe nichts vor Zeus zu verbergen. Also bin ich einverstanden. Ich schlage dir Frieden vor. Ich schlage vor, meine fünfzig Söhne sollen deine fünfzig Töchter heiraten. Überlege es dir, ich will dich nicht zu einer sofortigen Antwort drängen.«

Danaos sagte: »Verzeih mir, wenn ich dich nicht einlade in mein Haus, wenn ich dich bitte, draußen im Zelt zu übernachten. Ich werde mir deinen Vorschlag gründlich überlegen.«

Und sie wünschten sich eine gute Nacht, verabschiedeten sich unter Verbeugungen. – Kennen wir das nicht, daß durch Haß Verfremdete besonders höflichen Umgang miteinander haben?

In der Nacht erschien Pallas Athene dem Danaos.

Sie sagte zu ihm: »Wenn dein Bruder im offenen Haß gekommen wäre, dann hätte ich dir gesagt: Gut, stell dich! Tritt ihm entgegen! Aber wenn dein Bruder friedliche Absicht vorschützt, dann kann ich dir nur eines raten: Ergreife sofort die Flucht! Laß keine Zeit verstreichen! Laß alles hinter dir! Verlasse dein Land!«

Danaos war ein frommer Mann, ein athenefrommer Mann.

»Wohin soll ich fliehen?« fragte er die Göttin.

Pallas Athene antwortet ihm: »Dorthin, wo euer Haß seinen Ursprung hat.«

Das war Griechenland, die Argolis. Aus Argos war ihre Ahnin Io gekommen. Noch in derselben Nacht rief er seine fünfzig Töchter zu sich.

Es ist für uns rätselhaft und oft nicht zu verstehen, wem alles die Göttin Pallas Athene ihre Sympathie schenkte. Wir werden uns noch öfter wundern. Meistens sind wir ja durchaus mit ihrer Wahl einverstanden, denken wir nur an Odysseus, da können wir ihre parteiische Vorliebe verstehen, auch bei Jason, der die Argonauten geführt hat, ein charmanter Mann.

Manchmal verstehen wir die Launen der Göttin allerdings nicht. Wenn Pallas Athene dem Danaos ihre Zuneigung gab, so ist es uns vielleicht lieber, als wenn sie sich dem Aigyptos zugeneigt hätte, aber überhaupt Stellung zu beziehen in diesem Bruderhaß erscheint uns doch sonderbar und degoutant.

Eine Laune eben, aber eine göttliche Laune. Und göttliche Launen, das hat uns Prometheus gelehrt, können gefährlich sein.

Pallas Athene hat also Stellung bezogen in diesem Konflikt. Sie hat den Danaos über das Meer nach Griechenland geführt. Sie war die Beraterin und Beschützerin des Danaos und seiner fünfzig Töchter.

Nun, Danaos und seine fünfzig Töchter kamen also in Griechenland an, ankerten in der Nähe von Argos, und sie hatten Durst. Sie wollten aus dem Fluß Inachos trinken, aber dieser Fluß führte Salzwasser. Es waren die Tränen des Inachos um seine Tochter Io.

Danaos schickte eine seiner Töchter aus, um Wasser zu suchen, und zwar seine jüngste Tochter Amymone.

Amymone war eine sehr geschickte, kenntnisreiche Jägerin, und sie hatte eine besondere Gabe: Sie konnte Wasser riechen, trinkbares Wasser konnte sie riechen. So ging sie durch den Wald und schnüffelte und suchte Wasser.

Und da roch sie Wasser, und ihre Nase sagte ihr: Hinter diesem Busch dort gibt es Wasser. Sie nahm ihren Speer und holte aus, denn sie wollte den Boden aufstechen, um die Quelle zu erschließen.

Aber es war keine Quelle. Hinter dem Gebüsch lag ein Satyr. Der schlief dort.

Amymones Speer traf den Bauch dieses Satyrs. Aber weil der Bauch so dicht mit verfilztem Fell bedeckt war, durchdrang die Speerspitze nicht die Haut.

Dieser Satyr – niemand weiß seinen Namen – war ein Tunichtgut und obendrein kein besonders schlauer Tunichtgut. Er hatte sich zu Mittag bei Bauern eingeladen und den Bauch mit gesalzenen Fischen vollgeschlagen. Davon hatte er einen irrsinnigen Durst bekommen. Dagegen hatte er Honig getrunken, weil er eben ein bißchen dumm war. Durch den Honig war der Durst noch größer geworden, noch unerträglicher. Nirgends war Wasser. Der einzige Fluß in der Gegend, der Fluß Inachos, der führte Salzwasser. Und in seinem unerträglichen Durst hatte der Satyr eine Gewitterwolke, die gerade über das Land flog, vom Himmel heruntergesaugt und hatte die ganze Gewitterwolke ausgetrunken.

Nun lag er zufrieden hinter einem Busch mit einem Bauch voll Wasser, und dieses Wasser hat Amymone gerochen.

Der Speerstich machte, daß der Satyr erwachte, und er sah Amymone vor sich und wollte sich auf sie stürzen und sie vergewaltigen. Das wäre, dachte er, ein guter Abschluß seines Mittagsschläfchens.

Amymone konnte zwar Wasser riechen, und sie konnte prächtig den Speer werfen, aber gegen wilde, verfilzte Satyrarme verstand sie sich nicht zu wehren. Sie rief um Hilfe.

Poseidon war in der Nähe. Er war auf der Suche nach seiner Gewitterwolke, die ihm abhanden gekommen war. Er ist der Gott der Gewässer, der am Himmel schwebenden Gewässer ebenso wie der am Boden plätschernden und brausenden.

Poseidon hörte die Schreie der Amymone, eilte herbei, kickte den Satyr aus der Geschichte und rettete das Mädchen.

»Danke«, sagte sie.

»Genügt nicht«, sagte er.

»Was noch«, sagte sie.

Er sagte es ihr.

»Wer bist du?« fragte sie.

Er sagte es ihr.

Der Gott Poseidon wird ihr lieber gewesen sein als ein verfilzter Satyr mit einem Wasserbauch. Sie legte sich mit Poseidon hin.

Wenn er will, heißt es, kann Poseidon ein guter Liebhaber sein, und Amymone war ihm eine gute Liebhaberin.

Als Gegenleistung schlug Poseidon seinen Dreizack in den nächstbesten Felsen, und frisches, süßes Wasser sprudelte heraus.

Das frische Wasser rann in den bitteren Fluß Inachos, und so wurde sein bitteres Salzwasser versüßt.

Danaos und seine Töchter hatten endlich zu trinken. Und das Land ergrünte. Und Inachos, der Fluß, durfte hoffen, daß nun sein Fluch getilgt sei.

»Dieses Land«, sagte Danaos zu seinen Töchtern, »soll unsere neue Heimat werden.«

»Und was ist mit unserem Reich zu Hause in Libyen?« fragten sie.

»Vergeßt die alte Heimat«, sagte Danaos.

»Aber«, sagten die Töchter, »dort haben wir viel gegolten. Dort waren wir angesehen. Dort war unser Geschlecht groß. Wer sind wir hier?«

»Auch hier werden wir groß werden«, sagte Danaos. »Und unser Geschlecht wird besungen werden.«

Hatte Danaos recht? Ja, er hatte recht. Wenn wir die Ilias lesen, dann werden wir feststellen, daß Danaos' Zuversicht begründet war. Homer nennt die Griechen vor Troja die Danaer. Das ganze Volk wurde nach Danaos und seinen Töchtern benannt. Was aber nicht heißt, daß ihre eigene Geschichte eine glückliche war...

Danaos und seine Töchter meinten, in Griechenland einigermaßen sicher vor Aigyptos und seinen fünfzig Söhnen zu sein. Aber sie waren dennoch auf der Hut. Danaos wußte, sein Bruder Aigyptos würde keine Ruhe geben, ehe er nicht bekommen hatte, wonach sein Haß begehrte.

Danaos instruierte seine Töchter. Er sagte: »Vergeßt nicht: Wir wollen hier nicht nur vorübergehend bleiben. Wir wollen nicht wieder fliehen müssen. Das ist unser Land. Gebt acht!«

Sie stellten Wachen auf. Kein normales Leben gab es. Am Tag arbeiteten die Töchter des Danaos auf den Feldern und im Haushalt. In der Nacht wurden sie zu Wachdiensten eingeteilt.

Aber die Töchter waren inzwischen auch schon alle erwachsen, sie hatten sich Männer genommen, manche von ihnen jedenfalls. Sie hatten eigene Familien. Die Ereignisse in Nordafrika lagen weit zurück, die Erinnerung daran begann zu verblassen.

Und nicht wenige der Töchter sagten: »Unser Vater ist alt. Wir verstehen ihn ja. Er kann den Haß nicht vergessen. Aber es ist in erster Linie sein Haß. Was haben wir mit diesem Haß zu schaffen? Er kann nicht verlangen, daß wir unser ganzes Leben nur nach seinem Haß ausrichten. Wir haben ein eigenes Leben, und wir haben ein Recht auf ein eigenes Leben.«

Sie wurden nachlässig. Bei den Nachtwachen schliefen sie ein, sie nahmen Decken und Kissen mit auf die Wache und etwas zu lesen. Bald blieben sie ganz zu Hause.

»Genügt es denn nicht, wenn wir uns Hunde halten?« fragten sie. Und sie gaben sich gleich selbst die Antwort: »Ja, es genügt, wenn wir uns Hunde halten.«

Nur eine Tochter stand nach wie vor ganz auf der ›Seite des Vaters. Diese Tochter hieß Hypermnestra. Sie war die älteste Tochter des Danaos.

Hypermnestra predigte ihren Schwestern: »Die Gefahr ist noch nicht überstanden. Solange unser Onkel lebt, sind wir in Gefahr. Wir müssen zu unserem Vater stehen. Unser Vater bildet sich nicht nur irgend etwas ein.«

»Ja, ja, schon, aber...«, sagten ihre Schwestern.

Und dann hielten sie einige Nächte hindurch ordentlich Wache. Bald aber nahmen sie wieder ihre Zudecken und Kopfkissen mit und auch etwas zu lesen.

Und schließlich sagten sie: »Ach, die Hunde genügen doch...«

Hypermnestra aber blieb standhaft. Je nachlässiger ihre Schwestern wurden, desto härter wurde sie. Fanatisch vertrat sie den Haß ihres Vaters.

Die Schwestern machten sich nicht lustig über sie,
nein, das nicht, sie sagten nur: »Ach, es ist ein Jammer
mit Hypermnestra. Ihre Treue zu unserem Vater, meine
Güte, das ist doch nur scheinbar Treue. Sie hat niemanden, das ist es. Sie hat keinen Mann, sie hat keinen Geliebten, sie hat keine Kinder. Alles, was sie hat, ist der
Haß unseres Vaters auf unseren Onkel. Das ist der Sinn
ihres Lebens, und diesen Sinn hat sie sich ausgeliehen.
Einen eigenen Sinn gibt es in ihrem Leben nicht. Wir aber
haben Familie, unseren Lebenssinn haben wir uns selbst
geschaffen.«

So redeten sie.

Hypermnestra wollte Jungfrau bleiben. Ja, sie sah ihre
Aufgabe auf dieser Welt darin, als Offizier neben ihrem
Vater zu stehen. Das schwor sie sich jede Nacht, wenn sie
Wache stand. Sie schwor es, und die Sterne waren ihre
Zeugen.

»Das ist meine Mission«, sagte sie zu sich. »Erst wenn
die Feinde meines Vaters vernichtet sind, darf ich an mich
selbst denken.«

Und eines Nachts, als Hypermnestra wieder Wache
stand und auf die Felder hinausblickte, kam ein junger
Mann des Weges. Das war nichts Außergewöhnliches.
Aber dieser junge Mann fing ein Gespräch mit Hypermnestra an. Und das war etwas Außergewöhnliches.
Denn jeder in der Umgebung kannte die strenge Tochter
des Danaos, und niemand hatte es bisher gewagt, sie anzusprechen.

»Ich sehe«, sagte der junge Mann, »du beobachtest
die Sterne.«

»Ja, das tue ich«, sagte Hypermnestra.

Und sie unterhielten sich über die Sterne.

Der junge Mann wußte viel über die Sterne. Er kannte Namen für die Sterne, die Hypermnestra nicht kannte. Und Hypermnestra merkte sich diese Namen. Es waren arabische Namen.

Und in der darauffolgenden Nacht kam der junge Mann wieder vorbei. Und auch in den nächsten Nächten trafen sie sich, ohne daß sie sich verabredet hätten.

»Was ist los mit dir?« fragten die Schwestern am Tag. Denn noch nie bisher war es geschehen, daß Hypermnestra gelächelt hatte. Nun lächelte sie.

»Was soll schon los sein«, sagte sie.

»Soll dich eine von uns bei der Nachtwache ablösen?« fragten die Schwestern.

»Nein«, sagte Hypermnestra.

Vor stürmischer Leidenschaft hätte Hypermnestra Angst gehabt. Der junge Mann aber war voll Respekt zu ihr. Das gefiel ihr. Am Tag war sie ungeduldig, sehnte die Nacht herbei.

So trafen sich die beiden über Wochen hinweg jede Nacht, und sie wurden einander vertraut. Schließlich gestand sich Hypermnestra ein, was sie ja längst schon in ihrem Herzen wußte, nämlich, daß sie diesen jungen Mann liebte.

»Wie heißt du?« fragte sie ihn.

»Lynkeus heiße ich«, sagte er.

»Ich habe dich vorher noch nie hier gesehen«, sagte Hypermnestra. Aber sie fügte gleich hinzu: »Das hat nichts zu bedeuten, weißt du. Ich habe bisher die Welt um mich herum gar nicht wahrgenommen.«

»Du kannst mich hier vorher nicht gesehen haben«, sagte Lynkeus, »denn ich stamme nicht von hier.«

Er sei von einem fernen Land hierher geschickt worden, sagte er, um hier eine Mission zu erfüllen. Er könne Hypermnestra aber nicht sagen, was für eine Mission das sei. Es sei eine schwere Mission, sie laste auf seinem Herzen.

Hypermnestra sagte: »Auch ich habe eine schwere Mission zu erfüllen, und auch ich kann dir nicht sagen, was für eine Mission es ist.«

Ihre Schwestern hatten bald herausbekommen, daß sich Hypermnestra in der Nacht mit einem Mann traf. Sie waren froh darüber. »Dann kommt sie auf andere Gedanken«, sagten sie.

Und zu Hypermnestra sagten sie: »Wir wissen, daß du dich in der Nacht mit einem Mann triffst. Wir freuen uns darüber. Siehst du, auch wir lieben unseren Vater, und wir würden alles für ihn tun. Und wenn er uns ausdrücklich etwas befiehlt, dann werden wir selbstverständlich gehorchen. Aber inzwischen besteht er selbst schon nicht mehr auf den Nachtwachen. Sein Haß auf den Onkel läßt nach. War ja auch höchste Zeit! Lebe nun auch du endlich dein eigenes Leben!«

Hypermnestra beschloß zu heiraten. Sie wollte Lynkeus einen Antrag machen. Eine Nacht noch will ich wachen, sagte sie sich, in dieser Nacht will ich ihm mein Wort geben und will sein Wort nehmen.

Aber ausgerechnet in dieser Nacht kam Lynkeus nicht.

Hypermnestra blickte hinaus auf die mondbeschienenen Felder und wartete. Und da überfielen sie Zweifel an ihrem bisherigen Leben. Was habe ich aus meinem Leben gemacht, dachte sie. Meine Schwestern hatten recht. Was mache ich, wenn Lynkeus nie wiederkommt?

Da hörte sie ein Dröhnen. Da sah sie im Mondlicht Staub am Horizont aufwirbeln. Da sah sie, daß sich ein

Heer näherte. Es war das Heer ihres Onkels Aigyptos, der mit seinen fünfzig Söhnen und Tausenden Soldaten heranrückte.

Hypermnestra schlug Alarm.

Danaos und seine Töchter konnten der Übermacht nichts entgegensetzen. Aigyptos und seine Söhne umzingelten ihre Stadt.

Sie schickten einen Unterhändler, er sagte: »Aigyptos will mit seinem Bruder sprechen.«

Und Aigyptos kam ins Lager, und er sagte zu Danaos: »Ich mache dir noch einmal denselben Vorschlag. Es wird dir und deinen Töchtern nichts geschehen. Tun wir uns zusammen, meine fünfzig Söhne, deine fünfzig Töchter. Sie sollen ihre Männer und ihre Kinder fortschicken. Auch meine Söhne werden ihre Weiber und ihre Kinder fortschicken. Nur unsere Familie zählt! Beginnen wir von vorne! Lassen wir unsere Kinder sich verheiraten!«

Das kaiserliche Österreich hat für diese Art der Außenpolitik sehr viel später eine Formel gefunden: Tu felix austria, nube! – Du glückliches Österreich, heirate!

Und nicht anders hat es auch Aigyptos gesehen: »Legen wir unsere beiden Reiche zusammen, und besiegeln wir unsere neue gemeinsame Macht durch Heirat!«

Danaos wollte das nicht. Er erbat sich Bedenkzeit, hielt Zwiesprache mit seiner Göttin Pallas Athene.

»Nein, mach das nicht«, sagte Athene. »Aber sei schlau!«

Und Danaos war schlau. Zum Schein stimmte er dem Vorschlag seines Bruders zu. Es wurde der Tag der Massenhochzeit bestimmt.

»Was sollen wir tun?« empörten sich die Töchter des Danaos. »Unsere Männer und unsere Kinder sollen wir wegschicken? Das tun wir nicht.«

Danaos sagte: »Nur zum Schein habe ich zugestimmt. Im offenen Kampf sind wir meinem Bruder unterlegen. Seine Kraft sind seine Söhne, wie meine Kraft ihr, meine Töchter, seid. Er hat mir mein Land genommen. Ich bin vor ihm geflohen. Ihr, meine Töchter, ihr müßt mich rächen! Heiratet die fünfzig Söhne des Aigyptos, aber in der Hochzeitsnacht sollt ihr euren Bräutigamen mit den Haarnadeln, die ich euch hier schenke, das Herz durchbohren.«

So weit wollten die Töchter auch wieder nicht gehen.

»Gibt es denn keinen anderen Ausweg?« fragten sie. »Muß es so hinterlistiger Mord sein? Kann man nicht reden mit denen?«

»Nein, kann man nicht!«

Es war Hypermnestra, die das Wort ergriffen hatte. Sie hatte wieder ganz auf die Seite ihres Vater umgeschwenkt. Sie wußte: Das ist die Mission, die ich zu erfüllen habe. Und sie hoffte: Wenn ich diese Mission endlich erfüllt habe, dann wird Lynkeus mein Mann, und mein Leben wird durch nichts mehr gestört werden.

Zum Schein stimmte Danaos dem Vorschlag seines Bruders zu. Die Töchter und die Söhne wurden zusammengebracht, der jüngste Sohn zur jüngsten Tochter, der zweitjüngste zur zweitjüngsten und so weiter.

Zuletzt trat der älteste Sohn des Aigyptos in das Zelt der ältesten Tochter des Danaos.

Dieser älteste Sohn war Lynkeus, und die älteste Tochter war Hypermnestra. Und Hypermnestra sah, daß Lynkeus der Sohn ihres Erzfeindes war, und Lynkeus sah, daß Hypermnestra die Tochter seines Erzfeindes war.

Aber die Liebe zwischen ihnen war gereift, und Hypermnestra konnte den Befehl ihres Vaters nicht ausführen. Sie zerbrach ihre Haarnadel.

Hypermnestra sagte zu Lynkeus: »Fliehen wir!«
Und sie flohen.

Aber die neunundvierzig Töchter des Danaos erstachen in dieser Nacht die neunundvierzig Söhne des Aigyptos.

Ein Blutbad war das, und das Blut floß zusammen, und es floß in den Fluß Inachos, der nun beinahe schon seinen Frieden gefunden hatte. Er färbte sich rot, und wieder war sein Wasser ungenießbar.

Was geschah mit Hypermnestra und Lynkeus? Die einen sagen, sie seien später von Hypermnestras Schwestern getötet worden. Andere behaupten, Lynkeus sei zurückgekehrt und habe die neunundvierzig Schwestern seiner Frau getötet.

Ich glaube, Lynkeus und Hypermnestra kamen nie wieder zurück. Ich glaube, sie haben sich irgendwo, weit weg, am anderen Ende der Welt niedergelassen, haben nie mehr ein Wort über die Sache fallen lassen.

Was aber wurde aus den neunundvierzig Töchtern, die ihre Gatten in jener Nacht getötet haben?

Als Mörderinnen kamen sie nach ihrem Tod in den Tartaros. Dort müssen sie seither eine der klassischen Strafen verbüßen. Ja, neben Tantalos, der im Wasser steht und Durst hat, und Sisyphos, der den Stein auf seinen Felsen wälzt, gehören die Danaiden zu den klassisch Bestraften: Sie müssen Wasser in Weidenkörben transportieren. Wenn sie an ihrem Ziel ankommen, ist kein Wasser mehr in den Körben, und sie werden zurückge- schickt und müssen wieder Wasser in die Körbe füllen und so weiter auf ewig. Zur Sinnlosigkeit sind sie ver- urteilt worden.

Das ist die Geschichte der Danaiden – der fünften Ge- neration nach Inachos.

Antiope

Von der Herrschaft der Schönheit – Von der Faszination des Häßlichen – Vom Tod des Nykteus – Von der Grausamkeit des Lykos – Von der Geburt der Zwillinge – Von der grausamsten Frau – Von Amphion und Zethos – Von ihrer Begegnung mit einer armen Frau – Von einer vergebenen Chance

Es war einmal ein König, der hieß Nykteus. Er herrschte über die Stadt Kadmeia.

Kadmeia war von Kadmos gegründet worden, dem Bruder der Europa, der auf der Suche nach seiner Schwester von Afrika nach Griechenland gekommen war.

Dieser Nykteus war ein Ästhet. Er wollte nur das Schöne sehen, nur das Reine, das Saubere, das Ausgewogene, das Harmonische. Er fühlte sich als Herr und Richter über den guten Geschmack. Das Schräge, Klimprige, Angepatzte, Mißtönende verabscheute er, es machte ihn krank.

Nykteus – wir hören es gern – haßte auch den Krieg. Ebenso lehnte er schweißtreibende Sportveranstaltungen ab. Wettbewerbe jeder Art waren ihm zuwider. Streit ebenso wie allzu gute Laune waren unter seiner Herrschaft verpönt. Lärm war überhaupt verboten. Nykteus war kultiviert.

Er hatte eine Tochter, und die vergötterte er, diese Tochter hieß Antiope. Alles, was dieses Töchterchen wünschte an Schönem, das besorgte ihr Nykteus. Die Dinge, die sie umgaben, waren alle aufeinander abgestimmt. Kein Querschläger in Farbe, Form, Ton, Geruch oder Geschmack störte die Sinne.

Antiope lebte in Schönheit. Antiope war kultiviert.

Dann verliebte sie sich. In einen schönen jungen Mann verliebte sie sich. Wen wundert's?

Nein, sie verliebte sich eigentlich nicht. Wenn man das weitere Schicksal der Antiope kennt, dann muß man sagen: Sie verliebte sich nicht in diesen jungen, schönen Mann, sie glaubte lediglich, sie verliebe sich in ihn.

Dieser schöne junge Mann hieß Epopeus. Auch er war kultiviert.

Epopeus und sein Schwiegervater Nykteus verstanden sich vorzüglich. Nichts taten sie lieber, als Feste zu planen, Festivals zu organisieren. Da gab es keine Gabel, die nicht zum Messer, keine Nachspeise, die nicht zur Vorspeise, kein Haarband, das nicht zum Schuhband paßte. Und der Höhepunkt der Feste war stets: der Auftritt Antiopes.

Und eines Tages verdrehte Antiope die Augen! Sie erschrak und sagte sich: Ich habe die Augen verdreht! Stimmt irgend etwas nicht?

Die Geschichte der Antiope ist auch eine Geschichte über den Fluch der Langeweile und über die Faszination des Häßlichen. Ja, Antiope, die schöne Tochter des schönen Vaters, die schöne Braut des schönen Bräutigams, begann sich zu langweilen. Das Schöne verlor seinen Reiz für sie, das Ausgeglichene regte sie auf, Harmonie machte sie wahnsinnig.

Sie zog hinaus in die Natur, in die ungeordnete Natur, in der nichts zu nichts paßte und alles war, wie es war. Der Garten zu Hause war kunstvoll gepflegt, mit Schere und Hacke recht anspielungsreich gebändigt. Die Natur dagegen war wild und unsinnig. Da lagen Bäume und faulten, Igel wurden von Parasiten gequält, Enten konnten nicht richtig gehen, Hühner nicht fliegen. Da galt das Schöne nichts, da galt nur das Starke.

Das zog Antiope an.

Wer kennt das Herz des Menschen? Hermes kennt es. Er ist Psychopompos, der Seelenführer, er trägt die Seelen der Verstorbenen hinunter zum Hades. Er kennt ihre Klagen. Und worüber klagen die Seelen der Verstorbenen? Sie beklagen die Wünsche, die sie in ihrem Leben unterdrückt haben. Und nichts offenbart den Charakter des Menschen mehr als seine unterdrückten Wünsche. Hermes ist der Menschenkenner oben im Olymp. Er sieht den Menschen die Wünsche im Gesicht an.

Es ergab sich, daß Zeus hinunterschaute und Antiope sah. Und da begehrte er sie. Er wandte sich an Hermes.

»Was, Sohn, muß ich tun, um diese Antiope zu gewinnen?« fragte er.

»Mach dich häßlich«, sagte Hermes. »Verwandle dich in ein häßliches, stinkendes, lärmendes Wesen!«

Zeus vertraute Hermes. Er schlüpfte in das körperliche Gewand eines Satyrs, der die geforderten Voraussetzungen erfüllte. Zottelig war sein Fell, schmutzig war er von oben bis unten, keine Manieren hatte er.

Auf dieses Wesen nun traf Antiope bei einem ihrer Waldspaziergänge. Der Satyr stand wenige Meter vor ihr und bewegte sich nicht. Er starrte Antiope gerade und frech in die Augen. Ließ sie nicht los. Auch Antiope bewegte sich nicht. Sie betrachtete dieses Wesen, und sie fürchtete sich vor ihm. Aber sie rührte sich nicht von der Stelle. Sie hätte schreien wollen. Aber sie blieb still.

Da hob der Satyr den Arm und streckte seine krallige Hand nach ihr aus.

Nichts mehr würde so sein wie vorher.

Antiope ahnte, daß die Gefahr, die von diesem Satyr ausging, zugleich auch die sicherste Waffe gegen die Langeweile war, die so viel Verheerung in ihrem Herzen anzurichten drohte.

Antiope ließ sich mit diesem Satyr ein. Sie traf dieses Wesen von nun an jeden Tag. Sie hatte keine Ahnung, daß es Zeus war. Sie treibt es mit einem Satyr in der ungeordneten, häßlichen Natur.

Sie kommt nicht los von ihm, sie läßt sich von dem Unhold beschimpfen, sie wartet auf ihn. Sie liebt sein häßliches, struppiges Gesicht, liebt seine rohen Umarmungen. Liebt den scharfen Geruch seines Rachens.

Zu Hause fragt man: »Was machst du im Wald?«

»Nichts«, sagt sie.

»Dann nimm mich doch einmal mit hinaus«, sagte Epopeus, ihr Bräutigam.

»Nein«, gab sie zur Antwort. »Ich will nicht.«

Sie fürchtete, er könnte ihr heimlich folgen und sie mit ihrem häßlichen Liebhaber beobachten.

»Was ist mit dir los?« fragte nun auch ihr Vater.

»Nichts«, antwortete sie wieder.

Antiope ist voll Unruhe. Ihre Unehrlichkeit bedrückt sie, ihr Begehren bedrückt sie. Sie liebt ihren Vater, sie liebt ihren Bräutigam. Aber sie entfremdet sich ihnen. Das bedrückt sie.

Heute würde sie vielleicht Trost von einem Psychiater erbitten, damals befragte man in solchen Fällen das Orakel.

»Was soll ich tun?«

»Du mußt sehr vorsichtig sein, Antiope«, antwortet das Orakel. »Vom Häßlichen geht Leid aus.«

Aber Antiope weiß nicht, was Leid ist, nie in ihrem Leben hat sie Leid erfahren, nie hat sie Leid gesehen. Abgeschirmt von allem Schweren war sie aufgewachsen.

So fragt sie: »Was ist das, Leid?«

Das Orakel antwortet darauf: »Leid läßt sich nicht beschreiben.«

»Wie kann ich dann wissen, was Leid ist?«

»Indem du Leid erfährst.«

Und Antiope fragt: »Ist Leid langweilig?«

Und das Orakel antwortet: »Nein, langweilig ist das Leid ganz gewiß nicht. Leid ist gräßlich.«

Und Antiope sagt: »Was gibt es Gräßlicheres als die Langeweile?«

Sie ließ sich vom Orakel nicht warnen. Weiter traf sie den häßlichen, launischen, respektlosen, eben unkultivierten Satyr im Wald.

Seine Häßlichkeit zog sie an, aber sie stieß sie auch ab. Mit einem Kribbeln im Nacken hörte sie sich seine obszönen Reden an, zugleich aber entsetzte sie sich auch darüber. Sie liebte dieses Wesen, und sie ekelte sich vor ihm.

Wenn sie sich aus seiner Umarmung löste, wünschte sie sich nichts mehr, als zu Hause zu sein, umgeben zu sein von Harmonie, Sauberkeit, Schönheit. Wenn sie dann aber zu Hause war, meinte sie zu sterben vor Langeweile.

Antiope lebte in einem innerer Konflikt, ihr Leben spannte sich zwischen verbotener Neigung und angenehmer Gewohnheit, und diese Spannung machte, daß sie besonders anziehend wirkte. Ja, das dauernde Widersprechen, unter dem sich ihre Seele wand, machte sie nach außen besonders attraktiv.

Und das wiederum wirkte zurück auf ihren Bräutigam Epopeus. Dieser Mann wurde angesteckt vom Leben.

»Ist dir nie aufgefallen, daß unser Dasein hier langweilig ist?« fragte er eines Tages.

»O ja«, sagte Antiope, »o ja, das ist mir auch schon aufgefallen.«

»Tatsächlich?«

»Ja, tatsächlich.«

»Aber dagegen müssen wir etwas tun«, ereiferte sich Epopeus.

»Aber was denn?« fragte sie, stellte sich unschuldig.

»Das fragst du mich«, rief Epopeus, »ausgerechnet du!«

»Wie meinst du das?« fragte Antiope.

Aber Epopeus wußte ihr darauf keine Antwort. Daß Mut und Kühnheit von ihr ausgehen, sagte er, daß er es jedenfalls so empfinde, daß er doch spüre, wie vergeudet ihre Zeit hier am Hof ihres Vaters sei, daß er, Epopeus, es jedenfalls so empfinde, wenn sie, Antiope, in seiner Nähe sei.

Einen Augenblick überlegte Antiope vielleicht sogar, ob sie Epopeus ihr Geheimnis verraten sollte. Aber sie schwieg.

»Darf ich dich wenigstens einmal in den Wald begleiten?« fragte er wieder.

»Nein«, sagte sie wieder. »Das will ich nicht.«

Dann eines Tages merkte Antiope, daß sie schwanger war. Und sie wußte, sie war schwanger von diesem häßlichen, unflätigen, unkultivierten Satyr.

Da bekam sie es mit der Angst zu tun. Vor ihrem Vater fürchtete sie sich. Der haßte das Häßliche mehr als alles andere auf der Welt, und das Kind, das sie gebären würde, daran zweifelte sie nicht, es würde so häßlich sein wie sein Vater, dieser häßliche, unflätige, unkultivierte Satyr.

Aber zugleich freute sie sich auf dieses Kind. Es war ihr, als verheiße ihr dieses Kind ein neues Leben, ein Leben, in dem es nie langweilig sein würde.

Sie beschloß zu fliehen.

Sie sagte zu Epopeus: »Wenn du mit mir gehst, gut. Wenn nicht, dann wirst du mich nie wiedersehen.«

Und Epopeus war begeistert. »Ich komme mit«, sagte er. »Nichts hält mich hier.«

»Aber«, sagte sie, »du darfst mich nie ausfragen.«

»Worüber ausfragen?«

»Schon das ist eine Frage, die du nie wieder stellen darfst.«

Er versprach es.

Alles hätte er ihr versprochen. Auch für Epopeus war die Langeweile die Hölle. Alles hätte er getan, um ihr zu entfliehen.

Ein letztes Mal ging Antiope in den Wald, um den Satyr zu treffen.

»Ich bekomme ein Kind von dir«, sagte sie.

»Nein«, sagte der, »zwei wirst du bekommen. Zwillinge sind in dir.«

»Wie kannst du das wissen«, sagte sie.

»Ich weiß es eben.«

»Wer bist du?« fragte sie.

»Das ist eine gefährliche Frage«, sagte er.

»Wer bist du«, wiederholte sie. »Wer steckt in Wahrheit unter diesem zotteligen, schmutzigen Fell?«

»Willst du mich wirklich sehen als den, der ich bin? Willst du mich in meiner ganzen Herrlichkeit sehen?« fragte Zeus.

Da erschrak Antiope. Und sie lief aus dem Wald.

Kannte sie etwa die Geschichte von Semele, die eben-
dies gewollt hatte, nämlich Zeus in seiner ganzen Herrlichkeit zu sehen, und die diesen Anblick dann nicht aus-
gehalten hatte und in Flammen aufgegangen war –
kannte Antiope diese Geschichte? Vielleicht...

Antiope lief aus dem Wald, lief nach Hause, packte
eilig ihre Habseligkeiten zusammen und verließ mit Epopeus den kultivierten Hof ihres kultivierten Vaters.

Für König Nykteus war das ein Strich durch seine
Lebensrechnung. Erziehung zu Harmonie und Schönheit – dieses Programm sollte fortgesetzt werden in seinen Enkeln. Nykteus sah seine Tochter als sein Eigentum, in das er investiert hatte. Da hatte er ein Leben
lang vorgegeben, den Krieg zu hassen, hatte stets nach
allen Seiten hin behauptet, die wortgeschliffene Ver-
handlung der schweißtreibenden Auseinandersetzung
vorzuziehen, und nun, da ihm sein »Eigentum« genommen wurde, da sich dieses »Eigentum« ihm ent-
zog, da sagte er sich: Gepfiffen ist auf die vornehme Le-
bensart!

Aber weil er keine Ahnung vom Kriegshandwerk
hatte, wandte er sich an seinen Bruder Lykos, der in allem
sein Gegenteil war, gewalttätig, roh, unschön, eben un-
kultiviert.

Er sagte: »Du mußt mir helfen, Lykos! Ich will meine
Tochter, die mein Eigentum ist, zurückbekommen!«

Lykos nickte, stellte einen Trupp von Rabauken zusammen, und los ging's, den beiden hinterher.

Es kommt zum Kampf. Der schöne, an der Langeweile
verzweifelte Epopeus, der durch die Wende in seinem
Leben neue Spannung und Kraft bekommen hat, tötet

Nykteus. Er wollte das nicht. Ein kurzes Schwertschwingen, eine ungeschickte Bewegung, die sich als geschickte Bewegung herausstellte, und schon liegt der König im Staub. – Ein malerisches Bild übrigens.

Zum ersten Mal in ihrem Leben kommt Schmerz über Antiope, denn sie hat ihren Vater geliebt. Und daß es ausgerechnet Epopeus war, der ihren Vater getötet hat, macht den Schmerz noch brennender.

»Ist das Leid?« fragt sie.

Und sie antwortet sich selbst: Wenn es Leid ist, dann ist es auf jeden Fall nicht langweilig.

Der sterbende Nykteus bat seinen Bruder Lykos zu sich und sagte: »Mein Leben war umsonst. Jetzt im Tod weiß ich es. Schönheit und Harmonie sind Illusionen. Du hast dich in deinem Leben um Schönheit und Harmonie nichts geschert.«

»Nein, habe ich nicht«, sagte Lykos.

»Räche mich«, sagte Nykteus.

»Und wie willst du es haben?«

»Das überlasse ich dir.«

Dann starb Nykteus.

Antiope, hochschwanger inzwischen, und Epopeus sind vor Lykos geflohen und haben sich in den Wäldern versteckt, wo sich Antiope gut zurechtfand. Aber noch kannten sie die Welt nicht, noch kannten sie die Menschen nicht, vor allem kannten sie Lykos nicht.

Der war nicht nur ein rauher Geselle, er war hinterlistig, und Gewalt machte ihm Freude. Er ließ überall verkünden, Antiope und Epopeus hätten nichts von ihm zu befürchten. Er wolle mit ihnen verhandeln.

»Verhandeln wir«, sagte Epopeus zu Antiope. »Er ist dein Onkel. Du bist schwanger – ich darf ja nicht fragen von wem –, aber er wird deinen Zustand respektieren und ehren.«

Sie stellten sich.

Keine Gefangennahme, keine schlechte Behandlung, die beiden wurden ins Zelt des Lykos geführt. Sie warteten, wurden bedient. Ob sie Wünsche hätten, wurde gefragt. Alles schien gut zu sein, alles gut, keine Rache, alles vergessen…

Dann kam Lykos, setzte sich zu ihnen. Alles gut, alles gut…

Und dann, mitten im Gespräch, das ruhig und friedlich verlaufen war, in gepflegter Atmosphäre sozusagen, zieht Lykos sein Schwert, spielt mit dem Daumen an der Klinge, während er noch spricht, und plötzlich schlägt er Epopeus vor den Augen der Antiope den Kopf ab.

Antiope aber läßt er abführen, läßt sie in Ketten legen.

Das ist Leid, und es ist nicht langweilig. Nein, langweilig ist es nicht. Aber all dies Leid, es ist nur ein Vorgeschmack auf das, was noch folgt.

Antiope wird von ihrem Onkel verschleppt, wird von ihm wie eine Sklavin behandelt. Lykos weiß ja, welchen Stellenwert die Ästhetik, die Sauberkeit, die Schönheit, das Abgerundete im Leben der Antiope hatte. Er verspottet sie, gibt ihr die häßlichsten Kleider, die schmutzigsten, dreckigsten Fetzen, zwingt sie, nur einen Schuh zu tragen. So muß sie hinter der Karawane herhumpeln. Asche wird ihr ins Gesicht geworfen.

So führt Lykos die Hochschwangere langsam, auf einem elend langen Umweg durch das ganze Land, vorbei an jedem Gehöft, damit sie alle Menschen sehen, damit sie alle verspotten können.

Unterwegs kommt sie nieder, und sie bringt Zwillinge

zur Welt. Es sind Buben. Sie sieht, diese Buben sind nicht
häßlich, wie sie befürchtet hatte, im Gegenteil, sie sind
besonders schön und herzallerliebst.

Und noch etwas, und das ist eine wunderbare Aus-
nahme, wenn wir die griechische Mythologie betrachten:
Diese beiden Buben lieben sich vom ersten Augenblick
an. Schon als sie zur Welt kommen, umarmen sie sich,
diese beiden Säuglinge, und es ist gar nicht so leicht, sie
voneinander zu lösen. Es sieht aus, als ob der eine den
anderen beschützen wollte.

»Ja«, stöhnt die arme Antiope, »ich kann nicht auf
euch aufpassen. Mir ist mehr Leid zugestoßen, als ich für
möglich hielt. Ihr müßt auf euch selber aufpassen, einer
auf den anderen.«

Und sie legt sich ihre Buben an die Brust.

»Amphion und Zethos will ich euch nennen«, sagt sie.

Lykos zwingt die Mutter, ihre Kinder auszusetzen. Er
reißt sie ihr von der Brust und legt sie am Wegrand nieder. Weiter geht die Reise.

Und noch ist nicht genug Leid auf Antiope gehäuft.
Die Karawane erreicht den Hof des Lykos.

Und Lykos zu Antiope: »Hör gut zu, du. Ich habe
etwas mit dir vor. Du sollst hier bei uns bleiben dürfen.«

Sie sagt: »Ganz egal, was du mir antust. Du hast mir
schon so viel angetan, es kann nicht mehr schlimmer werden. Du hast mir meine Söhne genommen. Was kann mir
noch geschehen. Nichts kann mir mehr weh tun.«

Und Lykos sagt: »Vielleicht irrst du dich. Glaubst du,
ich sei der grausamste Mensch?«

Sie sagt: »Ich weiß, du bist der grausamste Mensch,
der auf dieser Welt lebt.«

Da lacht Lykos und sagt: »Nein, nein, jetzt erst wirst

du einen wirklich grausamen Menschen kennenlernen, nämlich meine Frau. Du wirst denken, die Zeit bei Lykos war eine schöne Zeit. Ich gebe dich meiner Frau zur Sklavin.«

Lykos' Frau hieß Dirke, und sie war wahrhaftig eine grausame Frau. Sie ließ Antiope in ein Verlies sperren. Immer wieder kam sie, und jeden Tag stieg sie hinunter zu ihr.

»Antiope, hörst du mich?«

Und Antiope mußte sagen: »Ja, ich höre dich.«

»Antiope, ich habe Nachricht von deinen Söhnen.«

»Ach, das glaube ich dir nicht. Das hast du gestern auch gesagt, und es war gelogen.«

»Ah! Dann soll ich also wieder gehen und die Nachricht für mich behalten?«

»Nein! Nein! Vielleicht hast du ja tatsächlich Nachricht von Amphion und Zethos.«

Und dann erzählte Dirke der armen Mutter, welch schreckliches Leid ihren beiden Buben zugestoßen sei. Antiope wußte, daß Dirke log. Ihr Verstand sagte: Laß dich nicht narren. Aber ihr Herz sagte: Vielleicht sagt sie heute ausnahmsweise die Wahrheit.

Und Leid wächst im Herzen. So quälte Dirke die arme Antiope.

Und da endlich besann sich Antiope, und sie sagte zu sich: »Wieviel schöner war doch der Schmerz der Langeweile!«

Was ist mit den Söhnen der Antiope geschehen, mit Amphion und Zethos?

Die beiden wuchsen bei einem Hirten auf, der sie am Wegrand gefunden hatte. Er nahm sie mit auf seinen

Bauernhof, und dort wuchsen sie auf. Ihr Ziehvater kümmerte sich nicht viel um sie. Als sie zupacken konnten,
mußten sie zupacken. Als sie alt genug waren, die Schafe
zu hüten, mußten sie die Schafe hüten.

Es ist nirgends berichtet, ob sie von ihrer Stiefmutter
und von ihrem Stiefvater geliebt worden sind. Aber es
wird auch nicht berichtet, daß sie nicht geliebt worden
sind.

Wie auch immer: Amphion und Zethos hatten einander, und sie ergänzten einander, und eigentlich brauch-
ten sie niemanden.

Amphion war der Musische von beiden, in allem sah
er das Schöne, in allem sah er das Liebliche, das war das
Erbe seines Großvaters. Zethos war der Kräftige, der
Starke, der Anpackende, der auch das Leben des Amphion beschützen konnte und es auch tat.

Es war schwer, mit ihnen ins Gespräch zu kommen.
Sie waren an niemandem interessiert. Sie trieben das Vieh
auf die Weide, und dort plauderten sie miteinander.

Wenn sie ein Problem hatten, über das sie nachdenken
mußten, dann gab es dafür einen Baum auf der Weide, an
den lehnten sie sich und rieben sich den Rücken und hatten das Gefühl, dieses wohlige Reiben belebe ihren Geist,
und so lösten sie ihre Probleme. Probleme, die sich auf
diese Weise nicht lösen ließen, hatten sie nicht.

Es war für sie das Paradies.

Aber dann meldete sich der Stachel der Langeweile
auch in diesen beiden Buben, die inzwischen junge Männer geworden waren, und sie fingen an zu jammern.

»Kennst du etwas, was schlimmer ist als die Langeweile?« fragte Zethos seinen Bruder.

»Nein«, sagte Amphion.

Und Zethos sagte: »Komm, spiel mir etwas auf deiner Flöte vor!«

Dann spielte Amphion eine Weile auf der Flöte. Dann sagte er: »So, jetzt habe ich alles gespielt, was ich kann. Sonst kann ich nichts. Und von vorne anfangen will ich nicht.«

Und Zethos sagte: »Kennst du etwas, was schlimmer ist als die Langeweile?«

Und Amphion sagte: »Nein. Komm, zeig mir ein paar von deinen Kunststücken!«

Dann stemmte Zethos Felsbrocken und stapelte sie aufeinander.

Und er sagte: »Jetzt habe ich alle Felsbrocken aufeinandergestapelt, die hier herumliegen. Jetzt mag ich nicht mehr.«

Sie jammerten nur noch, daß die Tage so lang seien und einer wie der andere.

Wenn sie früher, als sie noch Buben waren, mit niemandem gesprochen haben, dann sehnten sie sich nun danach, daß irgend jemand, wer auch immer, ihren kleinen Bauernhof besuche.

Sie sagten sich: »Neues Leben, neue Geschichten, neue Welt, das alles kommt nur mit neuen Menschen.«

Aber wenn sie dann am Abend mit dem Vieh nach Hause trabten, da saßen nur wieder die Nachbarn beieinander wie an jedem Abend und tranken und freuten sich oder tranken nicht und freuten sich nicht, und kein neues Gesicht war darunter.

Aber eines Tages, Amphion und Zethos waren wieder auf der Weide, da sahen sie jemanden den Weg heraufkommen.

»He, schau!! Ist das ein Mann oder eine Frau?«

Und sie konnten nichts erkennen. Sie liefen über die Wiese hinunter, und da sahen sie, daß es eine Frau war, eine alte Frau, eine müde, alte, gebeugte Frau.

»Ach«, sagten sie sich, »die wird auch nicht viel Abwechslung in unser Leben bringen.«

Aber dann stachelte sie die Neugierde, und sie schlichen sich näher an die Fremde heran. Und da sahen sie: Die war schrecklich beieinander, schrecklicher, als es von weitem ausgesehen hatte. Sie war verdreckt, ihr Gesicht war grau, ihre Bewegungen waren fahrig, sie fuchtelte mit den Armen in der Luft herum, sie sprach laut mit sich selbst. Manchmal schrie sie verzweifelt, und ihre Augen hatten einen irren Glanz.

Amphion und Zethos traten der Frau entgegen und fragten: »Wer bist du?«

Die Frau sagte: »Bevor ich euch sage, wer ich bin, will ich euch etwas fragen: Was war das Schrecklichste, das euch in eurem Leben begegnet ist?«

Amphion und Zethos sahen sich an und sagten: »Da brauchen wir nicht lange nachzudenken. Da gibt es nur eine Antwort darauf: die Langeweile. Die Langeweile ist das Schrecklichste.«

Da fing die Wahnsinnige zu heulen an und schrie: »Sagt das nicht! Sagt nicht so etwas! An eurer Stelle würde ich niederknien und ein Loblied mit hundert Strophen auf die Langeweile singen.«

Amphion und Zethos lachten: »Ja du! Wie kannst du das beurteilen! Vielleicht war es dir noch nie richtig langweilig in deinem Leben.«

Die Frau heulte weiter: »Was! Ihr blöden Grünschnäbel! Mir war es sehr wohl langweilig. Ach, wär' es mir nur wieder so langweilig!«

Diese Frau erkannte die beiden jungen Männer nicht, wie sollte sie auch, und die beiden jungen Männer erkannten die Frau nicht, wie sollten sie auch. Wir aber wissen: Die Frau war Antiope, die Mutter der beiden, die Mutter von Amphion und Zethos.

Es war ihr nach vielen Jahren des Leids gelungen, aus dem Verlies zu entkommen, in das sie Dirke, die Frau des Lykos, gesperrt hatte. Sie war in die Welt hinaus geflohen.

Und sie rief immer nur: »Helft mir, helft mir, helft mir! Meine Feinde sind hinter mir her!«

Ihr Geist war verwirrt. Allen, die es hören wollten, predigte sie über die Vorzüge der Langeweile, und allen, die es nicht hören wollte, predigte sie dasselbe. Niemand wollte es hören.

Auch Amphion und Zethos wollten ihre Predigt nicht hören.

Sie sagten: »Also, Pause jetzt! Möchtest du Geld von uns haben? Möchtest du etwas zu trinken haben? Möchtest du etwas zu essen haben? Bist du eine Bettlerin?«

Antiope sagte: »Was fällt euch ein! Ich bin keine Bettlerin. Ich will, daß ihr mir helft. Ich möchte gegen meine Feinde die Herrschaft der Langeweile wieder errichten.«

Amphion und Zethos blickten sich wieder an, grinsten, schüttelten die Köpfe. Jeder dachte bei sich: Diese Frau ist verrückt. Was sollen wir tun mit einer Verrückten?

Sie sagten: »Also, komm, Weib, entweder trink etwas, oder iß etwas, oder nimm Geld, oder geh deines Weges. Wir können dir nicht helfen.«

Und Antiope ging.

So vergaben Amphion und Zethos die Chance, in das

Schicksal einzugreifen. Ich weiß nicht, ob so eine Chance in der Mythologie überhaupt besteht, manchmal hat man den Eindruck, es besteht eine solche Chance. Aber wenn in unserem Fall eine bestand, dann haben sie Amphion und Zethos vertan.

Antiope ging weiter ihres Weges, und Amphion und Zethos trabten nach Hause und beklagten weiterhin ihre Langeweile.

Amphion und Zethos

Von der bösen Dirke – Von einem klugen Baum – Von einem Fest für Dionysos – Vom großen Aufräumen – Vom großen Gehen – Vom Tod der Antiope – Von der Macht der Musik – Von der Stadt Theben und ihren sieben Toren – Von Niobe und ihrem Stolz – Von der gekränkten Leto – Vom Tod der vielen Kinder – Vom Ende der Brüder Amphion und Zethos

Antiope war also aus dem Kerker der Dirke geflohen. Diese Dirke hatte sie zwanzig Jahre lang gequält.

Täglich war sie zu ihr ins Verlies hinabgestiegen und hatte in die Dunkelheit hineingerufen: »Antiope, hörst du mich?«

Und Antiope mußte antworten: »Ja, ich höre dich, grausame Dirke.«

Und Dirke wisperte: »Antiope, ich habe Nachricht von deinen Söhnen.«

»Ach, das glaube ich dir nicht. Das hast du gestern auch gesagt, und da war es gelogen.«

»Ah! Dann soll ich also wieder gehen und die Nachricht für mich behalten?«

Und Antiope rief: »Nein! Nein! Vielleicht hast du ja tatsächlich Nachricht von Amphion und Zethos. Bleib da, und erzähle mir.«

So war es der armen Antiope zwanzig Jahre lang ergangen. Und dann war sie geflohen. Übers Land war sie gelaufen, hatte den Menschen gepredigt und hatte ihre Söhne getroffen. Aber sie hatte sie nicht erkannt, und sie war nicht von ihnen erkannt worden.

Nachdem Amphion und Zethos das alte, verwirrte Weib weggeschickt hatten, kehrten sie zu ihrer Weide zurück. Sie lachten über die merkwürdige Gestalt, aber dann wurden sie nachdenklich, und sie lehnten sich an ihren Baum und rieben sich den Rücken.

Und als sie so an dem Baum lehnten und sich den Rücken rieben, hörten sie plötzlich eine Stimme.

»Wollt ihr, daß euch die Erinnyen hetzen?«

Amphion und Zethos blickten sich um, aber der eine sah nur das Gesicht des anderen.

»Wer spricht hier?«

»Ich bin es!« sagte die Stimme. »Ich, der Baum, der euch in all den Jahren beim Denken behilflich gewesen ist. Aber offensichtlich hat es nicht viel genützt. Ihr habt nicht richtig nachgedacht. Ihr habt diese Frau nicht ein zweites Mal gefragt, wer sie ist.«

»Wer war sie denn?« fragten Amphion und Zethos.

Der Baum antwortet: »Es war eure Mutter! Eure Mutter, der ihr nach eurer Geburt weggenommen worden seid.«

Da erschraken Amphion und Zethos und fragten den Baum: »Was ist mit unserer Mutter geschehen, daß sie so verwirrt ist?«

»Sehr viel Leid ist ihr angetan worden«, sagte der Baum. »Wenn ihr eurer Mutter nicht helft, dann wird sie vernichtet werden. Macht euch auf den Weg, sucht sie, helft ihr!«

Da ließen Amphion und Zethos die Tiere im Stich und liefen der Bettlerin nach, dieser Wahnsinnigen. Aber sie konnten sie nicht finden.

Auf ihrer Suche kamen sie in die Stadt Kadmeia. Hier waren sie noch nie gewesen. Die Stadt war in Aufruhr.

Sie fragten: »Was ist los?«

Und es hieß: »Heute abend soll ein großes Fest stattfinden zu Ehren des Gottes Dionysos. Oben auf dem Hügel soll das Fest stattfinden, nur Frauen sind zugelassen.«

»Und was soll so besonders sein an diesem Fest?« fragten Amphion und Zethos.

Sie bekamen zur Antwort: »Heute soll ein ganz besonderes Opfer dem Dionysos dargebracht werden. Das ist das Besondere.«

Zethos sagte zu Amphion: »Ach, laß uns hier nicht verweilen. Wir haben keine Zeit, uns um Feste zu kümmern. Gehen wir weiter, suchen wir unsere Mutter.«

Amphion, der Musische, aber sagte: »Zethos, Bruder, ich habe so ein Gefühl in mir. Ich habe so ein bestimmtes Gefühl in mir, das sagt mir, hier wird deine Stärke gebraucht.«

Zethos war immer gut damit gefahren, diesen bestimmten Gefühlen seines Bruders zu vertrauen.

»Gut«, sagte er, »wenn du meinst, bleiben wir hier, schauen wir uns das an.«

Sie verkleideten sich, zogen sich Frauenkleider über, und pilgerten am Abend hinauf auf diesen Hügel, um sich das Fest für den Gott Dionysos anzusehen.

Amphions Vorahnung bestätigte sich. Hier wurde die Kraft seines Bruders Zethos tatsächlich gebraucht.

Was sie sahen, war schrecklich. Ein Stier wurde auf den Platz geführt. Auf seine Hörner war eine Frau gebunden, und Amphion und Zethos erkannten die Frau. Es war ihre Mutter Antiope.

Das hatte sich die grausame Dirke ausgedacht. Sie hatte Antiope aufgegriffen und in Ketten gelegt. Als

Höhepunkt des Festes zu Ehren des Gottes Dionysos sollte Antiope von diesem Stier getötet werden.

Da fuhren dann aber Amphion und Zethos dazwischen! Stießen alles um, warfen alles über den Haufen, brüllten, daß dem Stier angst wurde.

Zethos, der Starke, nahm den Stier in den Schwitzkasten. Amphion band Antiope los. Und dann, wie sie es gewohnt waren, stellten sich Amphion und Zethos Rücken an Rücken und verteidigten ihre Mutter gegen die Angreifer.

Zuletzt packten sie Dirke, die ihre Mutter so böse, so lange gequält hatte, und sie banden die Grausame auf die Hörner des Stieres.

Und sie riefen: »Lauf los, Stier! Wie fühlt sich das an, Dirke? Du sollst den Tod erleiden, den du für unsere Mutter vorgesehen hast!«

Die Dionysos-Anhängerinnen waren damit zufrieden, die wollten nur, daß ihrem Gott ein Opfer dargebracht würde, was für eines, war ihnen egal. Vielleicht dachten sie sogar, dieser ganze Aufruhr, daß diese beiden Männer in Frauenkleidern auftauchen und so weiter, gehöre zum Spektakel. Aus dem Dionysoskult hat sich ja bekanntlich das Theater entwickelt.

So wurde also Dirke, die Böse, hingerichtet.

Als sie gerettet war, sagten Amphion und Zethos zu ihrer Mutter: »Bleib du hier stehen! Warte hier auf uns! Rühre dich nicht von der Stelle! Wir gehen nur schnell und erobern die Stadt. Wir werden hier ordentlich aufräumen.«

In Eile hatte ihre Mutter ihnen nämlich alles erzählt, und sie wollten nun auch Lykos, der das ganze Elend ihrer Mutter verursacht hatte, zur Rede stellen.

»Wir werden auch mit ihm abrechnen!« riefen sie Antiope zu. »Mach deine Ohren zu, und laß dir nichts einreden, mach deine Augen zu, und laß dich nicht von der Stelle winken!«

Sie stürmten in die Stadt, brachen in den Palast ein, rissen Lykos aus dem Schlaf und schlugen ihm den Kopf ab.

Dann sagten sie: »So, jetzt ist es genug. Nun glauben auch wir, daß die Langeweile ihre Vorzüge hat. Auf diese Art von interessantem Leben, wie wir es in den letzten paar Stunden erfahren haben, können wir gerne verzichten. Holen wir unsere Mutter, gründen wir irgendwo einen kleinen Bauernhof, und wir leben zufrieden in wohliger Langeweile.«

Sie eilten also zum Hügel des Dionysos zurück und wollten ihre Mutter abholen. Aber Antiope war nicht mehr da.

Was war geschehen?

Der Gott Dionysos war Antiope erschienen. Ja, und er hat sie erneut mit Wahnsinn geschlagen, und er hat sie erneut in die Welt hinaus gejagt.

Wenn es eine Gottheit gibt, die ganz bestimmt nicht langweilig ist, die das Gegenteil der Langeweile verkörpert, dann ist es Dionysos.

Er kam und flüsterte Antiope den Wahnsinn ins Ohr. Er sagte: »Hörst du mich, Antiope?«

»Wer bist du?« fragte sie.

»Was stellst du schon wieder Fragen, die du nicht stellen sollst!«

»Was willst du von mir?«

»Auch das ist eine Frage, die du besser nicht stellen solltest!«

»Was für eine Frage soll ich denn stellen?«

»So ist es gut, Antiope. So kommen wir der Sache schon näher. Wäre es für den Menschen im allgemeinen nicht am wichtigsten, nach seiner Bestimmung zu fragen?«

»Was ist meine Bestimmung?« fragte Antiope.

Nach diesem Leben voll Qual wollte sie es wissen.

»Deine Bestimmung«, sagte Dionysos, »deine Bestimmung ist es, zu gehen, zu gehen, ohne Unterbrechung zu gehen, bis du nicht mehr kannst.«

»Das ist meine Bestimmung?« fragte sie.

»Das ist deine Bestimmung«, sagte Dionysos.

Was hat dieser Dionysos, daß man ihm nicht widersprechen kann?

So ist sie also wieder losgegangen.

Antiope ist gegangen Tag und Nacht, sie hat im Gehen geschlafen, sie hat im Gehen gegessen, sie hat im Gehen getrunken. Sie ist gegangen, bis sie die Wüste erreichte, dann ist sie in die Wüste hineingegangen.

Und weil ihr rechtes Bein kürzer war als ihr linkes, denn Lykos hatte sich, viele Jahre war es her, einen Spaß daraus gemacht, ihr einen Schuh wegzunehmen, darum hinkte sie, und das machte, daß sie im Kreis durch die Wüste ging.

So ging sie im Kreis und ging im Kreis, um sie herum die langweiligste Landschaft, die man sich vorstellen kann, nichts war rechts, nichts war links, das war Landschaft gewordene Langeweile, durch die ging sie, und immer im Kreis, und der Kreis ist die langweiligste Form, die es gibt, und sie ging, bis sie umfiel und tot war.

Arme Antiope...

Die einen sagen: »So rächte sich Dionysos, weil seine Feier gestört worden war.«

Die anderen sagen: »Nein, aber nein, Dionysos war besonders gnädig, er gab Antiope das, was sie sich eigentlich immer gewünscht hatte.«

Nun hatten Amphion und Zethos, die Zwillingsbrüder, die sich so innig liebten, ihre Mutter verloren. Das brachte Leid über sie, aber sie waren noch jung. Bald kamen sie über das Leid hinweg.

Sie beschlossen, die Macht in der Stadt Kadmeia zu ergreifen. Und die Bürger der Stadt waren damit einverstanden. Sie sahen, diese beiden sind unterschiedlich in ihren Begabungen und ihrem Charakter, aber sie sind gut. Zethos kümmerte sich um die praktischen Dinge, Amphion um die Musik.

Und ein klein wenig mehr mochten die Bürger von Kadmeia den Amphion...

Amphion spielte die Flöte. Aber dieses Instrument war für seine Ambitionen nicht genug. Er experimentierte herum, spielte mit zwei Flöten gleichzeitig, spielte und schnaubte durch die Nase eine Melodie dazu. Alles mögliche probierte er, aber er blieb unzufrieden.

Da setzte sich eines Tages der Gott Hermes neben ihn ins Gras.

»Du probierst gern musikalische Sachen aus, stimmt's«, sagte Hermes.

»Stimmt genau«, sagte Amphion.

»Und Flöte ist irgendwie beschränkt, stimmt's?«

»Irgendwie schon«, sagte Amphion.

»Versuch's damit«, sagte Hermes.

Er gab ihm seine Lyra.

»Weißt du was? Ich werde dir meine Lyra borgen, sagen wir für ein Jahr. Schau dir das Instrument genau an.

Wenn es dir gelingt, darauf irgend etwas Neues zu entwickeln, eine Art Musik, die es vorher nicht gegeben hat,
dann sollst du meine Lyra behalten.«

Dann flog er davon, der Gott. Dieser Gott, Hermes,
wollte, daß sich die Menschen um die Musik kümmern.

Amphion setzte sich wieder ins Gras, drehte das Instrument zwischen seinen Händen, betrachtete es genau.
Die Lyra hatte vier Saiten. Interessant. Er probierte, darauf zu spielen. Klang nicht schlecht.

Einige Tage benötigte er, um das Instrument überhaupt einmal kennenzulernen. Einige Wochen investierte
er in Üben, Üben, Üben.

Dann kam er auf die Idee, daß so eine Lyra eigentlich
viel opulenter klingen müßte, wenn noch eine oder zwei
Baßsaiten mehr aufgespannt würden. Und dann vielleicht auch eine oder zwei hohe Saiten dazu, das müßte
gut klingen.

Zuletzt fügte er der viersaitigen Lyra weitere drei Saiten hinzu. Das schien ihm am günstigsten. Und bald be-
herrschte er das Spiel auf diesem neuen Instrument. Kein
Abend, an dem er nicht ein kleines Konzert auf dem
Marktplatz gab.

Punkt nach einem Jahr kam Hermes, und Amphion
sagte: »Hör zu, Gott, ich spiele dir etwas vor!«

Hermes hörte zu, und dann sagte er: »Ja, das ist sehr
gut. Du hast aus meiner viersaitigen, etwas langweilig
klingenden Lyra etwas Besseres gemacht. Das Instrument
soll dir gehören.«

Und Zethos? Er war besonders stolz auf seinen Bruder. Nein, er war nicht neidisch. Keine Spur!

Dann sagten sie sich: »So, wir wollen aus dieser Stadt Kadmeia eine ordentliche Stadt machen. In was für schrecklichem Zustand ist sie! Eine Häuseransammlung, eine Straße, fertig. Das ist nichts!«

Sie hielten eine Bürgerversammlung ab und fragten: »Wann ist eine Stadt eine richtige Stadt?«

Da wußte keiner eine Antwort.

Sie wußten es: »Eine Stadt ist erst dann eine richtige Stadt, wenn sie Mauern hat. Dann können uns unsere Feinde nichts antun.«

Die Bürger waren begeistert von dieser Idee. Na gut, es soll zwar den einen oder anderen gegeben haben, der fragte: »Welche Feinde denn?« Aber dieser eine oder andere hatte entweder eine schwache, oder die Mehrheit hatte eine stärkere Stimme.

Zethos und Amphion machten sich ans Werk.

Und während der Arbeit wäre es beinahe zu einem Streit gekommen, zu ihrem ersten.

Es war ganz klar: Zethos schaffte das Fünffache, das Zehnfache von dem, was sein zarter Bruder Amphion fertigbrachte. Zethos zog seinen Bruder auf, er lachte ihn nicht direkt aus, er spöttelte vielleicht ein wenig.

»Du mit deinen zarten Lyrahändchen kannst halt nicht so gut arbeiten.«

Nichts Schlimmeres.

Und da sagte Amphion, und auch er ganz und gar nicht in böser Absicht: »Du, paß auf, sag das nicht, meine Lyra ist in der Lage, vielleicht mehr zu bewegen als deine prankigen Hände.«

»Das will ich sehen!« sagte Zethos.

Amphion setzte sich auf einen Stein, betete zum Gott Hermes, sagte: »Hermes, mach, daß die Musik aus meiner Lyra einen starken Eindruck hinterläßt, mach, daß sie die Steine vom Boden hochhebt und zu einer Mauer zusammenfügt.«

Hermes dachte sich: »Das ist schön. Das wird die Leute überzeugen, wenn es Musik mit starker Ausdruckskraft gibt.«

Amphion begann zu spielen, glaubte nicht im Traum daran, daß sich irgend etwas bewegen könnte. Aber: Die Steine hoben sich! Und wahrscheinlich, weil Amphion auf einer siebensaitigen Lyra spielte, flogen die Steine zu sieben Toren zusammen. Kein Zweifel: ein Wunder!

Das hat dem Zethos einen Stich gegeben.

»Da kann ich ja meine Sachen gleich packen«, sagte er. »Ich habe immer gedacht, du brauchst mich. Nun sehe ich, du brauchst mich nicht.«

»Ach, was«, sagte Amphion, »das war eine einmalige Demonstration. Das hat Hermes gemacht, nicht ich. Wenn ich jetzt noch einmal spiele, tut sich gar nichts.«

»Dann spiel noch einmal!« rief Zethos.

Und nun flehte Amphion in sich hinein zu Hermes: Laß nichts geschehen, großer Hermes, laß einfach nichts geschehen! Mach, daß diese Lyra in alle Zukunft nichts weiter zustande bringt als Musik. Das genügt doch.

Und Hermes hatte ein Einsehen. Er ließ einfach nichts geschehen.

Und seither bringt eine Lyra nichts weiter zustande als Musik. Zethos war einigermaßen beruhigt. Zufrieden war er nicht.

Als Amphion sah, daß sein Bruder zwar einigermaßen beruhigt, aber noch lange nicht zufrieden war, da schlug er vor, man solle der neuen Stadt auch einen neuen Namen geben.

»Es soll die neue Stadt in Zukunft nach deiner lieben Frau heißen«, sagte er.

Die Frau des Zethos hieß Thebe. Darum nannten sie die Stadt Theben. Das siebentorige Theben wurde eine stolze, eine berühmte Stadt.

Auch Amphion heiratete nun, und er heiratete in ein finsteres Geschlecht hinein. Seine Frau war Niobe.

Wer war Niobe? Eine Schwester des Pelops, und Pelops war ein Sohn des Tantalos. Niobe war also die Tochter jenes sagenumwobenen Tantalos, der unten im Tartaros bis zu den Knien im Wasser steht und höllischen Durst leidet, über dessen Haupt sich die Äste unter dem Gewicht ihrer Früchte biegen und der dennoch höllischen Hunger leidet..

Das Geschlecht der Tantaliden war verflucht. Pelops, der Sohn, war verflucht, die Sohnessöhne Atreus und Thyestes waren verflucht, der Urenkel Agamemnon war es, und auch dessen Sohn Orestes bekam diesen Fluch zu spüren.

Auch Niobe war verflucht. Die Tantaliden zeichneten sich durch ihren bitteren Stolz aus, sie fürchteten niemanden und zollten niemandem Respekt, und das Eigene ging ihnen über alles.

Niobe also heiratete den schwachen, der Kunst zugeneigten Amphion. Sie dachte sich: Ich möchte seinen Bruder Zethos ablösen, nun kann ich für Amphion sorgen, den Bruder brauchen wir nicht mehr.

Sie sagte: »Ich bin stärker als dein Bruder Zethos, denn ich bin auch klug. Du sollst nur noch deine Musik machen. Um alles andere werde ich mich kümmern.«

Niobe gebar sieben Söhne und sieben Töchter.

Sie sagte: »Wir werden nicht in der Stadt wohnen bleiben, wir werden außerhalb der Stadt ein prächtiges, mächtiges Haus errichten. Denn wir wollen mit den Leuten hier nichts zu tun haben. Wir wollen mit niemandem irgend etwas zu tun haben, wir sind ganz für uns. Unser Glück soll beschützt werden von mir. Meine sieben Söhne, meine sieben Töchter, mein Mann – das ist mein Leben. Sonst zählt nichts.«

Das war der Hochmut der Tantalidin.

Eines Tages wurde in Theben das große Fest zu Ehren der Göttin Leto gefeiert. Leto ist die Mutter des Apoll und der Artemis, und sie ist eine sehr stolze Mutter, und ihr ganzer Stolz besteht in ihren beiden göttlichen Kindern. Jedes Jahr wird ein Fest für sie und ihre Kinder gefeiert. Die Bürger ziehen durch die Straßen und loben die große Leto dafür, daß sie so wunderbare Gottheiten hervorgebracht hat.

Die Menschen rufen: »Du, Leto, du bist die stolzeste Mutter der Welt, du bist die stolzeste Mutter der Welt! Keine kann sich mit dir vergleichen!«

Just an diesem Tag kam Niobe wieder einmal in die Stadt. Sie stand am Straßenrand und sah sich die Prozession an und hörte sich diese Jubelrufe an. Und sie schüttelte den Kopf.

Und dann hielt sie es nicht mehr aus und stellte sich dem Zug in den Weg und rief: »Nein! Hört her, ihr Bürgerinnen und Bürger von Theben. Die stolzeste Mutter der Welt ist nicht diese Leto. Wie sollte sie auch! Niemand weiß, wie sie aussieht. Nie zeigt sie sich. Sie wird wohl Gründe haben. Schaut ihre Kinder an! Zwei hat sie, nur zwei. Apoll, der ist weibisch, Artemis, die ist männisch. Er hat lange Haare und kaum einen Bart, sie hat kurze Haare und einen Flaum auf der Lippe.«

Die Bürger riefen, sie solle still sein, sie werde den Zorn der Götter auf sich ziehen und nicht nur auf sich, auch auf die ganze Stadt.

»Fürchten diese Götter etwa die Wahrheit?« agitierte Niobe weiter. »Die glücklichste Mutter dieser Welt bin ich. Ich habe vierzehn Kinder, nicht zwei. Ich habe sieben Söhne und sieben Töchter, und alle sind sie besser geraten als Apoll und Artemis.«

Die Leute waren entsetzt, und sie sagten: »Sie ist verrückt geworden. Sie muß verrückt geworden sein.«

Und jeder dachte bei sich: Sie flucht auf Leto, ja, gut, Leto ist vielleicht wirklich nicht die großartige Göttin, als die wir sie hier feiern, aber Apoll, aber Artemis!

Leto war auch irgendwo anwesend, unsichtbar freilich, und sie weinte. Sie weinte und rief ihre beiden Kinder, Apoll und Artemis, zu sich.

Sie sagte: »Habt ihr das gehört? Wir sind beleidigt worden. Ich, eure Mutter, bin beleidigt worden. Du, Apoll, bist beleidigt worden. Du, Artemis, bist beleidigt worden. Diese Niobe hat uns verspottet. Was jetzt?«

Apoll und Artemis sahen sich an, und sie wußten, was sie zu tun hatten. Sie holten Pfeil und Bogen, und ohne Mitleid und ohne jede Verzögerung töteten sie die Söhne und die Töchter der Niobe.

Niobe raste über den Platz in Theben und sah vor sich ihre toten Kinder. Sie rief nach Amphion, der kam gelaufen mit der Lyra im Arm.

Sie flehte: »Spiel! Spiel auf deiner Lyra! Mach sie uns wieder lebendig, unsere Kinder!«

Amphion spielte, aber diese Lyra hatte vielleicht einmal Steine aufeinandersetzen können, Tote zum Leben erwecken, nein, das konnte sie nicht. Sie konnte Musik machen und nichts weiter.

Die Kinder von Amphion und Niobe lagen in ihrem Blut, und das verkraftete Amphion nicht, und er nahm sich das Leben.

Nun war Niobe allein.

Niemand kam, um sie zu trösten. Niemand wagte es. Sie weinte sieben Tage um ihre Lieben. Es fand sich in ganz Theben niemand, der bereit war, ihren Mann und ihre Kinder zu begraben, denn die Bürger der Stadt Theben hatten Angst vor Apoll und Artemis.

Es waren am Ende ausgerechnet die Mörder, Apoll und Artemis, die sich ein Herz nahmen und die Kinder der Niobe und auch Amphion begruben.

Als die letzte Schaufel Erde auf ihre Körper gelegt war, ging Niobe aus der Stadt, ging zu ihrem mächtigen, stolzen Haus, das sie sich erbaut hatte für ihre Familie, die ihr ganzes Glück war. Bevor sie das Haus betrat, nahm sie eine Feige von einem Baum, biß hinein, dann fiel sie nieder und war tot.

Sie verwandelte sich in einen Stein. An der Spitze des Steines traten ihre Tränen aus.

Und was ist aus Zethos geworden?

Manche sagen, er sei von seiner Frau Thebe aus Versehen bei der Gartenarbeit getötet worden. Andere wissen es besser, sie sagen, er sei aus Kummer zugrunde gegangen, aus Kummer über den Tod seines Bruders Amphion.

Nach dem Tod von Amphion und Zethos bestieg

Laios den Thron von Theben. Er wird der Vater des Ödipus werden...

Noch viele Dramen wird diese stolze Stadt erleben, ehe sie untergeht.

Kybele

*Von einer Traumgestalt – Von einer göttlichen
Familientradition – Von einer Entmannung – Vom
Mandelbaum – Von der wilden Nana – Von Attis, dem
Häßlichen – Von Attis, dem Schönen – Von einer
biederen Heirat – Von wildesten Tänzen – Von zwei
Entmannungen – Von einem kleinen Finger*

Man weiß recht wenig über die Göttin Kybele. Sie wurde
von den Griechen etwas gewaltsam in ihre eigene Mythologie eingebürgert.

Kybele stellt eine sehr alte Erdgottheit dar. Manchmal
wird sie mit Rhea identifiziert, der Mutter des Zeus, dann
wieder mit Gaia, der Erde. Kybele war den Griechen unheimlich, denn sie strahlte eine unbändige, vom Mann
nicht beherrschbare, eine gewalttätige weibliche Sexua-
lität aus.

Es wird folgende Geschichte erzählt:

Zeus habe eines Tages zur Mittagszeit auf einem Berg
gelegen und geschlafen. Da habe er einen farbigen und
selbst für einen Gott merkwürdigen Traum gehabt. Er
habe von einem gewaltigen Wesen geträumt, gewaltig
nicht an Größe oder Kraft, sondern an Ausstrahlung.
Alles war diesem Traumwesen zuzutrauen, alle Möglichkeit schien es in sich zu tragen. Alle sexuellen Wünsche
und alle ihre Erfüllungen waren in diesem Wesen verkörpert.

Zeus wälzte sich im Schlaf, und er schrie nach diesem
Wesen, das unbeweglich im Traum vor ihm stand.

»Wer bist du?« schrie er.

»Agdistis«, sagte das Wesen. »So ist mein Name.«

»Bist du Mann, oder bist du Frau?« fragte Zeus im Traum.

»Ich bin alles zugleich«, sagte die Erscheinung.

Zeus schrie und streckte seine Arme aus, aber er konnte das Wesen nicht erreichen. Da floß der göttliche Samen aus seinem Glied und tropfte in eine Erdspalte.

Zeus erwachte, und er hob sein Haupt zum Himmel: »Wer hat mir diesen Traum geschickt?« rief er. »Der soll ihn mir wiedergeben!«

Er zitierte Morpheus zu sich, den Gott des Traumes.

»Meine Schwelle hat dieser Traum nicht passiert«, sagte Morpheus.

Niemand wußte, wo dieser Traum seinen Ursprung gehabt hatte.

Und wieder legte sich Zeus zur Mittagszeit nieder. Aber er träumte nicht mehr von Agdistis, diesem gewaltigen Wesen.

Aus dem göttlichen Samen, der in die Erde geflossen war, aber erwuchs ebendieses Traumwesen. Es erhob sich aus der Erde. Und dann stand es da, wie es vor Zeus gestanden hatte in seinem Traum.

Zeus und die anderen Götter betrachteten dieses Wesen vom Olymp aus. Noch nie hatten sie etwas Vergleichbares gesehen.

»Ja, es ist schön«, sagte Zeus. »Aber jetzt, da ich wach bin, macht es mir angst. Es macht mir mehr angst, als ich es begehre.«

Und das hieß einiges bei ihm!

Dieses Wesen trug alle Lebenskraft in sich, Spuren von allem Lebendigen, des Pflanzlichen, des Tierischen, des

Menschlichen. Mann und Frau und Tier und Pflanze –
alles in einem war Agdistis.

Die Götter ahnten, daß so ein Wesen nicht handhab-
bar sein würde, daß es sich nicht unter ihre Macht beugen würde.

»Vernichten«, sagte Ares.

»Vernichten«, sagte auch Hera.

Pallas Athene aber sagte: »Studieren wir es erst. Vernichten können wir es immer noch.«

Sie glaubte wohl, es ließe sich daraus eine Art neuer
Schöpfung entwickeln, ein neues Wesen, ein Überwesen,
das sich die Erde in ungeahnter Weise untertan machen
würde.

»Ach was, studieren!« sagte Aphrodite. »Vernichten!«

»Jawohl, vernichten«, sagte Hephaistos.

Aber auch Hermes war fasziniert von diesem Lebe-
wesen. Hermes ist ein praktischer Gott, und er sagte:
»Bedenkt doch, so ein Exemplar läßt sich vielseitig verwenden. Vielleicht gelingt es uns, es abzurichten.«

Zeus teilte diese Meinung nicht.

»Dieses Wesen wird die Macht wollen«, sagte er. »Es
wird sich uns nicht unterwerfen.«

Zeus erinnerte sich an seine eigene Jugend. Er hatte die
Herrschaft seines Vaters Kronos angegriffen und vernichtet. Und Kronos seinerseits hatte lange Zeit davor die
Macht des Uranos gebrochen. Es war Familientradition,
den Vater zu stürzen. Und dieses Wesen da unten, so be-
fürchtete Zeus, brachte alle Voraussetzungen mit, ihn
vom Thron zu verdrängen.

Zeus holte die goldene Sichel hervor, mit der sein Vater
Kronos den Urgroßvater Uranos kastriert hatte. Und

ohne sich mit den anderen Göttern zu beraten, hackte er Agdistis die männlichen Geschlechtsorgane ab.

»Damit es solche Einheit nicht gibt«, sagte er.

Nun war dieses Wesen geteilt. Ganz Frau wurde Agdistis nun, und sie nannte sich Kybele.

Aus den männlichen Geschlechtsteilen des Agdistis aber wuchs der Mandelbaum.

Kybele wird von diesem Tag an auf der Suche nach ihrer Ergänzung sein.

Hermes und Pallas Athene tat es leid. Sie hätten gern gesehen, was aus solcher Ganzheit alles hätte werden können. Für Zeus war die Sache abgeschlossen.

»Träume«, sagte er verächtlich.

Eines Tages kam ein Mädchen an dem Mandelbaum vorbei, der aus dem Geschlecht des Agdistis gewachsen war. Es war Nana, die Tochter des Flußgottes Sangarios. Sie war ein wildes Mädchen, das noch nie in ihrem Leben mit jemandem gesprochen hatte.

Sie legte sich nieder, wenn sie müde war, und schlief, und wenn sie Hunger hatte, aß sie, sie kümmerte sich weder um Tag und Nacht, noch kümmerte sie sich um ihre Eltern, noch um irgend etwas anderes, ein wildes Naturwesen war sie.

So legte sie sich am hellen Mittag in den Schatten des Mandelbaums.

Es war zur selben Zeit, als auch Zeus an dieser Stelle gelegen hatte. Und als die Nana schlief, da fiel die erste Frucht vom Baum, und die fiel der Nana in den Schoß, und die Frucht grub sich zwischen ihre Beine. Und die Nana empfing, während sie schlief, von dieser Frucht einen Sohn. So wird erzählt.

Sie brachte diesen Sohn zur Welt und nannte ihn Attis. Und sie konnte nicht richtig sprechen, aber denken konnte sie ein wenig, und da gab es Schilfrohre in der Nähe, die waren dem Gott Apoll geweiht, und die konnten Gedanken lesen, und diese Schilfrohre lasen im Kopf der Nana, daß sie sich wünschte, daß das ganze Land, so weit sie blicken konnte, nach ihrem Sohn benannt würde. Und das geschah auch. Bis heute heißt dieses Land Attika.

Ja, der kleine Attis gefiel der Nana, sie trug den Knaben auf dem Rücken mit sich herum, und sie spielte mit ihm. Aber irgendwann wurde er ihr zu schwer, oder sie hatte genug mit ihm gespielt, jedenfalls warf sie ihn ab.

Nana warf den Attis ab, und der rollte über den Abhang hinunter. Und dieser Abhang war übersät mit Löwenzahn, und der Löwenzahn war schon über die Blüte hinaus, und pelziger, weißer Samen umgab seine Stengel.

Dieser Attis, der da über den Abhang rollte, sicher wäre er verletzt oder gar getötet worden, aber die Löwenzahnsamen wickelten ihn ein, und als er unten angekommen war, sah er aus wie ein weißes, pelziges Tier.

Und da unten am Fuß des Hügels war ein Ziegenstall, und die Ziegen, die nun wohl doch nicht den genauesten Blick haben, die meinten, es sei eine Ziege, eine weiße, pelzige Ziege, die ihnen vor die Füße gerollt war, und sie zogen den Attis groß.

Attis wurde mit Ziegenmilch gesäugt, und bald stellte sich heraus, daß er eine ganz entsetzlich häßliche Ziege war. Die anderen Ziegen begannen sich über ihn lustig zu machen.

»Diese Häßlichkeit ist ja kaum zu fassen«, meckerte sie.

Und als Attis, dieser Ziegerich, heranwuchs, wurde er sogar noch häßlicher. Da fraßen ihm die anderen Ziegen die Haare ab, denn er hatte lange Haare, noch nie waren ihm die Haare geschnitten worden. Dann sah er noch häßlicher aus.

Ja, Attis war die häßlichste Ziege, die je auf der Erde war.

Attis war betrübt darüber, er war betrübt über seine Häßlichkeit, er schämte sich, und es tat ihm weh, daß er von den anderen Ziegen so verspottet wurde. Natürlich wäre er gern eine schöne Ziege gewesen.

Eines Tages brach er aus und lief davon.

Da kam er an eine Waldlichtung, dort tanzten Nymphen. Als sie ihn sahen, diesen häßlichen Ziegerich, da waren sie entzückt.

»Diese Schönheit ist kaum zu fassen«, sangen sie.

Und sie tanzten um ihn herum und sangen ihm immer wieder zu, er sei das schönste Wesen, daß sie je gesehen hätten.

Attis glaubte, auch sie machten sich lustig über ihn.

Er sagte: »Was redet ihr denn? Ich weiß, daß ich häßlich bin. Ich bin ja darum in die Welt hinaus geflohen, weil ich so häßlich bin.«

»Nein, nein«, sangen die Nymphen, »du bist der schönste Mann, der uns je begegnet ist.«

Und er sagte: »Was Mann! Ich bin kein Mann! Ich bin eine Ziege!«

Da lachten die Nymphen und zwitscherten: »Wer hat dir denn das eingeredet?«

»Meine Ziegeneltern haben mir das eingeredet, meine Ziegenbrüder, meine Ziegenschwestern.«

»Dann bleib bei uns«, riefen die Nymphen. »Für uns bist du der Schönste!«

Das hat dem Attis Zutrauen gegeben. Aber bei den Nymphen wollte er doch nicht bleiben. Nur tanzen und singen, nein, das war nichts für ihn.

Er wagte es, in die Nähe von menschlichen Siedlungen zu gehen.

Dort lernte er ein Hirtenmädchen kennen, das war ganz unkompliziert, es war der Meinung, es ist nicht so entscheidend, ob ein Mann schön oder häßlich ist, auch wenn ein Mann schön ist, muß er seine Männlichkeit in erster Linie dadurch beweisen, daß er gut auf dem Feld arbeiten kann.

Und der Vater des Mädchens sagte: »Wenn du nicht einer bist, der nichts als Tanzen und Singen im Kopf hat, dann kannst du dein Brot bei mir verdienen.«

Attis heiratete dieses Mädchen, und er lebte mit diesem Mädchen leidenschaftslos, aber zufrieden.

Aber eines Tages war diese leidenschaftslose, zufriedene Liebe zu Ende. Denn als er hinaus aufs Feld ging, sah er dort eine Frau, die hatte einen dunklen Haarbusch und brennende Augen.

Diese Frau war Kybele.

Als sie Attis sah, wußte sie: Er ist es, er ist, der gewachsen ist aus meinem männlichen Teil.

Es wäre falsch, wenn wir sagten, Kybele verliebte sich in Attis. Das war keine Liebe, es war eine existentielle Forderung, ein Beharren auf existentiellem Besitz. Lieben wir unseren Arm? Nein. Er gehört uns.

»Du gehörst mir«, sagte sie.

»Ich bin aber mit einer Frau verheiratet, der ich meine Männlichkeit leidenschaftslos durch Feldarbeit beweise«, erklärte Attis. »Und ihr Vater ist mein Herr und Brotgeber.«

Kybele packte ihn an der Schulter. »Komm mit«, sagte sie.

Sie zog ihn vor seine Frau und seinen Schwiegervater und sagte: »Ich könnte ihn einfach mit mir nehmen. Aber ich komme, um es euch mitzuteilen. Damit kein Krieg daraus wird. Es gibt keine andere Möglichkeit, er gehört mir, so wie euer Arm euch gehört.«

»Wir brauchen ihn bei der Feldarbeit«, sagte der Schwiegervater von Attis.

»Ich werde euch ein Dutzend bessere Männer schikken«, sagte Kybele.

»Ich bin stur«, sagte der Schwiegervater. »Was ist denn Besonderes an ihm, daß er ein Dutzend bessere Männer aufwiegt?«

»Für mich bedeutet er alles«, sagte Kybele.

»Nein«, sagte der Schwiegervater.

»Nein«, sagte die Frau von Attis.

»Wir geben ihn nicht her«, sagten sie.

Da legte Kybele dem Schwiegervater die Hand über die Augen. Und der Bauer, ein gestandener Mann, fing zu tanzen an, zu tanzen und zu singen. Und er tanzte und sang, wie er es für unanständig und unnütz empfunden hatte sein Leben lang.

Seine Tochter wollte ihn aufhalten, fuhr ihm in die Hosenträger, er aber schlug um sich und traf die Tochter, und sie war tot mit einem Schlag.

»Was hast du angerichtet!« rief Attis, und er wollte auf Kybele losgehen. »Ich habe ein zufriedenes Leben geführt. Erst war ich eine Ziege, dann war ich ein Mensch. Was bin ich jetzt?«

»Ein Teil von mir«, sagte Kybele.

»Das will ich aber nicht sein«, rief Attis.

Da drückte Kybele auch ihm ihre Hand auf die Augen, und auch Attis begann zu tanzen. Und er tanzte und sang, wie er noch nie im Leben getanzt und gesungen hatte.

Ach, das kann man nicht als Tanz bezeichnen, was die beiden da aufführten, Attis und sein Schwiegervater! Unter den Blicken der Kybele schlugen sie sich die Nägel ins Fleisch, rissen sich die Haare vom Kopf und zerkratzten sich das Gesicht. Am Ende griffen sie zu Messern und verletzten sich damit.

»Nun soll geschehen, was mit mir geschehen ist«, rief Kybele.

Und da kastrierten sich Attis und sein Schwiegervater. Und das Blut rann aus ihren Körpern, und sie starben.

Und Kybele ging davon.

Aber sie hatte ein großes Leid in der Brust.

Sie ging zu Zeus und sagte: »Du hast mich gemacht aus einem Traum, und du hast mir alles genommen. Laß uns nun Frieden schließen. Gib ihn mir zurück. Laß ihn wieder leben. Mehr will ich nicht. Ich werde mich nicht mit ihm vereinen. Nur daß Leben in ihm sei, das wünsche ich mir, ein wenig Leben.«

Hermes und Athene waren dafür, alle anderen waren dagegen, Zeus schwankte.

Schließlich schlug er einen Kompromiß vor, er sagte: »Attis soll leben. Aber er soll nicht mehr erwachen, er soll in einen tiefen, ewigen Schlaf verfallen. Seine Haare sollen wachsen, und er soll bald wieder aussehen wie eine Ziege. Nur sein kleiner Finger soll sich ein wenig bewegen, das soll das einzige Lebenszeichen sein.«

Und er sagte: »Kybele, du mußt damit zufrieden sein.«

Und Kybele sagte: »Ich bin damit nicht zufrieden. Ich werde eine ewige Bedrohung für euch sein. Ich werde den Olymp nie betreten. Ich werde mich nie gemein machen mit euch.«

Sie zog über die Erde. Überall, wo sie auftauchte, folgten ihr die Frauen, und die Männer verfielen in diesen Tanz, der damit endete, daß sie sich schlugen und kratzten und verletzten und am Ende sich selbst kastrierten.

»Männer«, sagte Kybele zu den Geschundenen, »ihr dürft meine Priester sein!«

Und die Geschundenen wurden Priester der Göttin Kybele.

Pan

Wer kennt nicht Pan? Spitze Ohren, kleine, scharfe Hörner, einen V-förmig grinsenden Mund, Ziegenaugen – das ist Pan. Er hat Beine eines Ziegenbocks, und oft wird er mit einem großen, erigierten Glied dargestellt.

Wir kennen dieses Bild von mittelalterlichen Teufelsdarstellungen. Tatsächlich hat sich das Mittelalter für seine Teufelsdarstellungen bei Gott Pan bedient. Was die Verantwortlichen sich dabei dachten, was sie Teuflisches bei Pan fanden, das weiß ich nicht.

Pan war ein Außenseiter unter den Göttern, er war der Huckleberry Finn unter den Göttern. Die Menschen hatten wenig Respekt vor ihm. Wenn die Fischernte schlecht ausfiel, dann kam es vor, daß sie sein Standbild mit Meerzwiebeln peitschten. Das hätte man bei keinem anderen Gott gewagt.

Die Götter machten sich lustig über ihn. Es war nicht klar, wer sein Vater war. Manche sagen, Hermes sei sein Vater. In der Tat war Hermes der einzige, der gewisse Qualitäten des Ziegengottes zu schätzen wußte – zum Beispiel seine durchdringende Stimme.

Wer Pans Mutter war, wußte man auch nicht so recht.

Eines Tages sah Pan die Nymphe Syrinx, wie sie gerade in den Fluß steigen und baden wollte. Da wurde er verrückt nach ihr und wollte sie haben. Die Nymphe lief davon, Pan hinter ihr her.

Pan ist ein geschickter Jäger. Er trieb Syrinx in eine Falle. Da warf sie die Arme in die Luft und bat, jemand möge ihr helfen, egal wer, sie werde ihm dafür ewig dienen.

Ein Bach floß in der Nähe, und der half ihr.

»Wirst du mein Wasser einigen?« fragte er.

»Ich werde«, sagte Syrinx.

Er verwandelte Syrinx in Schilf.

Pan wollte gerade nach ihr greifen, da hatte er nur noch eine Handvoll Rohre in der Hand.

Er machte sich nicht viel daraus, daß er die Jagd nach der Nymphe verloren hatte, schnitt sich die Rohre zurecht und band sie zusammen. Das Produkt nannte er die Panflöte.

Pan war ein recht flotter Flötenspieler, und er war ein Angeber. Er kam auf die gleiche Idee wie der unselige Satyr Marsyas: Er forderte Apoll zu einem Wettkampf heraus. Und Apoll hat sich auf den Wettkampf eingelassen.

Eine Jury wurde bestimmt, der gehörten zum Beispiel der Berggott Tmolos an und auch König Midas. Tmolos war ein fetter Bursche, der sich einbildete, er sei ein großer Kunstkenner. Midas war dafür bekannt, daß er korrekt und unbestechlich und auch etwas kritikasterisch war.

Zuerst spielte Apoll, dann Pan.

Tmolos, der sich gern geistreich und aufmüpfig gab, in Wirklichkeit aber ein abgeschleckter Liebediener war, der wußte es von vornherein.

»Wunderbar, mein lieber Apoll«, rief er aus, »einfach großartig! Eindeutig Sieger, selbstverständlich ist Apoll der Bessere. Ihm gebührt der Preis!«

König Midas hingegen – genau, unbestechlich, kritikasterisch – sagte: »Tja, nun. Wie soll ich es ausdrücken. Wenn ich ganz ehrlich sein soll. Soll ich ganz ehrlich sein?«

»Du mußt«, sagte Apoll.

»Na gut. Also dann bin ich der Meinung, daß der kleine, häßliche Pan auf seiner Flöte doch ein klein wenig besser gespielt hat als Apoll.«

Midas bekam sofort seine Strafe ab. Apoll ließ ihm baumhohe Eselsohren wachsen.

»Und zweitens ist mir völlig gleichgültig, was du von meinem Spiel hältst«, sagte er und donnerte davon.

Mit diesen Ohren war nun Midas geschlagen, und er schämte sich, und er setzte sich immer eine Mütze auf. Aber er mußte eines Tages zum Friseur gehen, um sich die Haare schneiden zu lassen, da sah der Friseur, daß Midas Eselsohren hatte.

Midas sagte zum Friseur: »Bitte, bitte, verrate mich nicht, erzähl es niemandem weiter. Versprichst du mir das?«

Der Friseur, der kaum das Lachen unterdrücken konnte, versprach es.

Aber dann hielt er es nicht aus, und er grub ein Loch in den Boden und flüsterte in die Erde hinein: »Hört zu, ihr Würzelchen! König Midas hat Eselsohren!«

Das Schilf, das neben dem Loch stand, nahm über die Wurzeln diesen Satz auf, und sein Wispern verriet das Geheimnis in die Welt hinaus.

»König Midas hat Eselsohren!«

Midas wandte sich an Pan, sagte: »Schau, ich habe diese Eselsohren, weil ich damals für dich gestimmt habe. Also auf! Räche mich!«

Pan ließ dem undichten Friseur ungeheuer den Bart wachsen. Der arme Mann kam nicht mehr nach, sich das Gesichtshaar zu scheren, hatte keine Zeit mehr, Kundschaft zu bedienen, sein Geschäft ging den Bach hinunter, und eines Tages erstickte er an seinem eigenen Bart.

Von Pan leitet sich der Begriff »Panik« ab. Es kann ihm nämlich einfallen, am hellichten Mittag, ohne jeden Grund, plötzlich in einen entsetzlichen Schrei auszubrechen.

Bauern kennen das: Wenn die Kühe auf dem Feld mit einem Mal, man weiß nicht warum, anfangen, wie blöd zu muhen, und herumlaufen und alles niedertreten. Dann sagen die Bauern: »Das ist die Stunde des Pan.«

Niemand weiß, warum dieser Pan plötzlich in ein so entsetzliches Schreien ausbricht. Sieht oder hört er etwas, was allen anderen verborgen ist?

Herodot erzählt uns, daß sich Pan während der Schlacht bei Marathon 490 vor Christus auf die Seite der Athener gestellt und durch sein Kreischen die Perser in Panik versetzt habe, so daß sie das Weite suchten.

Seither, so heißt es bei Herodot, verehren die Athener den großen Pan.

Pan war nicht unsterblich. Er ist der einzige Gott, der mit dem menschlichen Privileg der Sterblichkeit ausgestattet war.

Eines Tages wurde einem Matrosen auf hoher See vom Himmel her kundgetan, er solle überall melden, der große Gott Pan sei gestorben.

Da waren die Menschen traurig, denn sie liebten diesen etwas verrückten, aber drolligen Gott. Auch wenn sie ihn manchmal geschlagen hatten...

Der junge Theseus

*Von einem rätselhaften Orakelspruch – Von Medea, der
Zauberin – Von Pittheus, dem Deuter – Von einem
großen Stein, einem Schwert und einer Sandale – Von
einer wunderbaren Feindesvertreibung – Von der
ersten Umarmung zwischen Vater und Sohn –
Von einer traurigen Fahrt nach Kreta – Von Ariadne und
ihrem Wollknäuel – Von den vergessenen Segeln –
Vom Tod des Aigeus*

Theseus zeichnet sich im Unterschied zu anderen Helden
wie Herakles, Bellerophon oder Perseus dadurch aus,
daß seine Taten zwar zum größten Teil, aber eben nur
zum Teil, als im Mythos vollbracht gelten wollen; daß er
bisweilen aber aus dem Mythos heraustritt und einen
Platz in der Geschichte für sich beansprucht.

Sein Vater war Aigeus. Er war als junger Mann ein
Glückloser, ein Pechvogel.

Er war der Bruder des Pallas – wenn man es genau
nimmt, und Pallas nahm es genau, war Aigeus nur sein
Halbbruder, er galt als Bastard am Hof von Athen.

Als sie Kinder waren, wurde ihm Pallas als das große
Vorbild hingehalten. »So spricht Pallas!« – »So ringt Pallas!« – »So trifft Pallas!« – »So gewinnt Pallas!«

Als sie erwachsen waren, hatte Pallas fünfzig Frauen,
und von jeder Frau hatte er einen Sohn und eine Tochter.
Diese Frauen hielt er sich alle zur gleichen Zeit, für jede
baute er ein Haus, alle Häuser standen im Halbkreis um
das seine herum.

Aigeus hatte zwei Frauen gehabt, und er hatte sie nicht
gleichzeitig gehabt, und sie hatten ihn beide verlassen. Er
hatte weder eine Tochter noch einen Sohn.

Er wurde am Hof von Athen für niedrige Arbeiten herangezogen. Gedemütigt wurde er. »Wo ist denn unser Aigeus?« – »Ach, Aigeus, schau doch nach, ob du im Stall bei deiner Arbeit bist!«

Er verließ Athen und machte sich auf den Weg nach Delphi. Seine ganze Hoffnung konzentrierte sich auf einen Sohn. Für sich erhoffte er nichts mehr. Da war er noch ein junger Mensch. Aus mir wird sowieso nichts, dachte er. Aber vielleicht bekomme ich einen Sohn, der's der Welt zeigt.

Er fragte das Orakel in Delphi: »Werde ich einen Sohn bekommen, der alles wettmacht, der mein Leben rechtfertigt?«

Das Orakel antwortete ihm, und es antwortete ihm verschlüsselt. Die Pythia, die Priesterin in Delphi, machte sich manchmal einen Spaß daraus, Antworten zu geben, zu deren Entschlüsselung man ein eigenes Orakel benötigte.

Die Pythia sagte: »Aigeus, hast du Wein bei dir?«

»Ja«, sagte Aigeus, »einen Schlauch voll Wein habe ich bei mir.«

»Gut«, sagte die Pythia, »dann höre mir jetzt genau zu: Öffne deinen Weinschlauch erst, wenn du wieder zu Hause bist.«

»Aber warum?« fragte Aigeus.

Die Pythia blieb stumm. Gesagt war gesagt.

»War das bereits dein Spruch?« fragte Aigeus.

Die Pythia blieb stumm. Gesagt war gesagt.

Nun stand Aigeus da, dieser Ungeschickte, der so viel Pech gehabt hatte in seinem bisherigen Leben, stand da mit diesem Spruch und sagte sich: Da hätte ich mir den weiten, beschwerlichen Weg nach Delphi hinauf eigentlich sparen können. Diesen Spruch da, den verstehe ich nicht zu deuten.

Aigeus hatte einen Freund, Pittheus hieß der, der galt als ein Mann, der auch besonders raffiniert verschlüsselte Orakelsprüche zu knacken verstand. Aigeus dachte sich: Na gut, dann mache ich halt einen Umweg, bevor ich wieder nach Hause gehe in mein Athen, und frage den Pittheus, wie er den Spruch der Pythia deuten würde.

Aigeus stieg also von Delphi herab und marschierte in Richtung der Argolis, wo Pittheus wohnte. Es war ein heißer, staubiger Weg, und am Abend kam er zu einer Herberge. Da trafen sich alle möglichen dunklen und hellen Gesellen, da saßen die Verfolgten und die Verfolger am selben Tisch, da tranken die Diebe und die Bestohlenen.

Aigeus setzte sich dazu, und es ergab sich, daß er mit einer Frau ins Gespräch kam, und diese Frau flüsterte ihm zu, sie sei auf der Flucht. Er solle sie nicht verraten.

»Warum erzählst du mir das?« fragte Aigeus.

»Ich kann in Gesichtern lesen«, sagte die Frau. »Und du hast ein gutes, ein ehrliches Gesicht.«

Es schmeichelte dem Aigeus, es schmeichelte ihm, daß ihn jemand ins Vertrauen zog. Er meinte, er müsse sich dieses Vertrauens irgendwie würdig zeigen. Aber wie? Es gab ja nichts, was er bisher erlebt hatte, was ihn als würdig, als stark, als bedeutend erscheinen ließ.

Er prahlte, schnitt auf. Hier, dachte er, hier ist eh niemand, der mich überführen könnte. Was kann es schaden, wenn ich ein wenig angebe.

»Frau«, sagte er, »weißt du eigentlich, wen du vor dir hast?«

»Sag es mir!«

»Nun, dir möchte ich es sagen. Du hast den künftigen

Herrscher von Athen vor dir. Denselben und keinen anderen.«

»Und wann wird es soweit sein?«

»Schon bald, schon sehr bald, ja, ja, vielleicht schon ziemlich sehr bald.«

Da sagte die Frau: »Wenn du der Herrscher von Athen geworden bist, dann nimm mich auf. Dann gewähre mir Exil an deinem Hof. Dann erinnere dich an eine arme, verfolgte Seele.«

»Das will ich gern tun«, sagte Aigeus. »Und wie ist dein Name, daß ich mich an dich erinnere?«

»Medea«, sagte die Frau, »Medea ist mein Name.«

Medea – ja, Medea war es, die da neben dem Aigeus in der Schenke saß, Medea, diese schillernde, diese grauenerregende Figur, diese Dämonin, die sich über die Jahrtausende hinweg bis heute mächtig dagegen gewehrt hat, von ihren Feinden ebenso wie von ihren Freunden verkleinert zu werden.

Medea war auf der Flucht. Sie hatte ihre Kinder ermordet, sie hatte König Pelias von Iolkos ermordet, ihren eigenen Bruder hatte sie ermordet, all das hatte sie getan aus Liebe zu Jason, der sie zuletzt verlassen hatte. Nun war sie auf der Flucht.

»Ich bin eine Zauberin«, sagte sie zu Aigeus.

Und Aigeus, nun auch schon ein wenig betrunken, dachte: Gut, warum nicht, sie wird eben auch angeben, prahlen und aufschneiden, warum nicht, soll sie.

Und Medea sprach weiter: »Wenn du König von Athen geworden bist, Aigeus, und mich aufnimmst und mich vor meinen Feinden beschützt, dann werde ich dafür sorgen, daß dein Sohn größer und berühmter wird als alle Söhne der Stadt.«

Da hatte Medea seinen geheimen Wunsch berührt, und auch wenn Aigeus betrunken war und auch wenn er das Gespräch für Angeberei hielt, als er sich dann zum Schlaf niederlegte, war sein Herz erhoben, und er dachte, es wird alles gut werden.

Am nächsten Tag machte sich Aigeus weiter auf den Weg, und am Abend traf er bei Pittheus ein.

Wer war dieser Pittheus? Er war ein Sohn des Pelops und der Hippodameia. Seine Brüder waren Atreus und Thyestes. Seine Tante war Niobe. Über Pittheus wird der Sagenkreis um Theseus mit dem Sagenkreis um Tantalos, Pelops, den Atridenbrüdern Agamemnon und Menelaos und zuletzt auch dem Mythos um die Stadt Theben verknüpft.

Allerdings hatte Pittheus mit seiner Verwandtschaft wenig zu schaffen, am wenigsten mit seinen finsteren Brüdern Atreus und Thyestes. Die beiden waren so krampfhaft in ihren gegenseitigen Haß verkrallt, daß sie sich für nichts, was um sie vorging, interessierten. Und Pittheus hütete sich, in ihrem Konflikt Stellung zu beziehen.

Nun, Pittheus hörte sich den Orakelspruch an, und er sagte zu Aigeus: »Ja, für mich ist dieser Spruch eigentlich sehr eindeutig, ich verstehe gar nicht, daß du ihn nicht verstehst. Du wirst einen Sohn bekommen, und es wird ein sehr berühmter Sohn werden. Das lese ich aus diesem Spruch.«

Da war Aigeus aber baff.

»Das liest du aus diesem Spruch?« rief er. »Das mußt du mir erklären! Ich soll meinen Weinschlauch nicht öffnen, bis ich in Athen bin – wie kann einer daraus lesen, daß ich einen berühmten Sohn bekomme?«

»Willst du denn keinen berühmten Sohn?«

»Natürlich will ich das.«

»Dann würde ich an deiner Stelle aber nicht so herummäkeln an diesem Spruch«, sagte Pittheus.

Und da war Aigeus still. Offenbar hatte Pittheus wirklich besondere Fähigkeiten auf dem Gebiet der Auslegekunst.

»Komm, Aigeus«, sagte er, »auf diesen Spruch hin müssen wir uns betrinken.«

Und Pittheus machte den glücklosen Aigeus betrunken, und als er dann betrunken war, schleppte ihn Pittheus in das Schlafzimmer seiner Tochter Aithra. Er dachte sich nämlich: Wenn es wahr ist, was dieses Orakel sagt – und er hatte keinen Grund, daran zu zweifeln –, dann soll Aigeus diesen Sohn mit meiner Tochter zeugen, damit auch ich von dem künftigen Ruhm dieses Helden ein Stück profitiere.

Am nächsten Tag wachte Aigeus mit Kopfschmerzen auf, und er sah Aithra neben sich liegen, und er sagte zu ihr: »Wenn du die Mutter meines Sohnes wirst, mir soll es recht sein.«

Und er war gutgelaunt, der Aigeus, und er nahm Aithra an der Hand und ging mit ihr hinaus aufs Feld.

»Komm mit«, sagte er. »Solltest du wirklich einen Sohn von mir bekommen, dann schau her!«

Er hob einen Felsbrocken hoch, stark war er ja, mit aller Mühe hob er den Brocken hoch, mit Hebeln mußte er arbeiten, und mit Stöcken mußte er den Brocken abstützen. Und dann legte er unter den Fels sein Schwert und eine seiner Sandalen.

So, nun ließ er den Fels wieder herunterplumpsen, und er sagte zu Aithra: »Solltest du also einen Sohn von mir bekommen, so führe ihn, wenn er achtzehn Jahre alt geworden ist, hierher, und wenn er diesen Brocken heben kann und das Schwert und die Sandale herausnehmen kann, dann schicke ihn zu mir nach Athen, und ich kröne ihn zum König.«

Süß ist es anzugeben, und von drei Stunden Angeberei bleibt eine hängen, als wär's die Wahrheit.

Daraufhin ging Aigeus nach Athen und begab sich wieder in seine demütigende Fron, denn noch waren in Athen Pallas und seine fünfzig Söhne an der Macht. Aber im Herzen hatte er Mut gefaßt. Und wenn er verspottet wurde, schielte er ein wenig und dachte bei sich: Ja, ja, blah, blah, ja, ja, blah, blah...

Und dann eines Tages, Jahre waren vergangen, wurde die Tür zu seiner Kammer aufgestoßen. Eine Frau stand da. Aigeus erkannte sie nicht.

»Wer bist du?« fragte er.

Sie sagte: »Bin ich nicht die Zauberin? Ich werde es dir beweisen. Willst du, daß ich es dir beweise?«

»Ach«, sagte Aigeus, »du bist es, Medea. Wir haben viel geredet in dieser Nacht in der Herberge. Ich bin dir nicht böse, wenn du ein wenig übertrieben hast. Ich habe auch übertrieben. Und nicht nur ein wenig. Leider bin ich kein König, und leider werde ich so bald auch keiner sein. Und du wirst wohl leider auch keine Zauberin sein.«

»Ich bin eine Zauberin«, sagte Medea, »und du, du wirst ein König sein. Mein lieber verzagter Freund. Zieh deine Schuhe an und komm!«

Sie besiegte Pallas und seine fünfzig Söhne. Wie sie das gemacht hat? Sie hat es gemacht!

»Wie hast du das gemacht?« fragte Aigeus. Er kam

aus seiner Kammer gelaufen und sah, wie seine Feinde panisch vom Hof flohen.

»Ich habe es gemacht«, sagte Medea.

Von da an hatte Aigeus Respekt vor ihr, gewaltigen Respekt.

Und ehe Aigeus überhaupt wußte, was mit ihm geschah, war er König von Athen. Noch nicht einmal die Füße hatte er sich waschen können.

Medea – wir erinnern uns an die Geschichte des Jason – hatte etwas übrig für charakterschwache Männer.

Sie sagte zu Aigeus: »Du hast mir versprochen, wenn du in Athen herrschst, dann wirst du mich beschützen. Nun bist du der König.«

»Ich dich beschützen?« sagte er. »Was kann das heißen? Du brauchst Schutz? Du machst dich lustig über mich!«

»Deine Umarmung brauche ich«, sagte Medea.

Aigeus nahm sie zu sich ins Bett, legte seine Arme um sie. Das war seine Art, sie zu beschützen, das wollte sie, das brauchte sie.

Und Medea brachte ihm einen Sohn zur Welt, und den Sohn nannte sie Medos.

Da dachte sich Aigeus: Das wird er sein. Ja, das wird der Sohn sein, von dem das Orakel gesprochen hat. Und er dachte weiter: Sie ist eine Zauberin, und sie hat mir einen Sohn versprochen. Alles paßt zusammen. Und er blickte in die Wiege vor sich, und sein Herz wollte ihm aus der Brust springen vor Glück: Der da, der Kleine, der ist es!

Und er zog diesen Medos auf, voll Liebe und voll Sorgfalt.

Inzwischen wuchs auch ein anderer Sohn des Aigeus heran, nämlich der, den Aithra, des Pittheus Tochter, zur Welt gebracht hatte. Sie nannte ihren Sohn Theseus.

Theseus war schon als Kind auffallend stark, unangenehm stark, problematisch stark. Seine Stärke war durchaus ein Ärgernis. Dabei sah man dem Kind die Kraft nicht an. Im Unterschied zu Herakles etwa trug er keine überdimensionierten Muskelmassen mit sich herum. Theseus war schlank, sehnig, geschmeidig, flink, nicht besonders groß.

Er war noch nicht vierzehn Jahre alt, da warf er aus Spaß einen ausgewachsenen Stier über den Zaun. Wie gesagt: unangenehm stark war er.

Einmal sei er dem damals bereits berühmten Herakles begegnet, und Herakles habe großen Gefallen an dem Kleinen gehabt, er habe ihm den Finger auf die Nase gedrückt und gesagt: »Aus dem wird was!«

Das hatte zur Folge, daß dieser Herakles im Löwenfell zeitlebens ein Vorbild für Theseus war. Es gab dann noch eine zweite Begegnung zwischen Herakles und Theseus, die fand unter weniger beschaulichen Umständen statt. Ich werde davon noch berichten.

Als Theseus achtzehn Jahre alt war, tat seine Mutter Aithra, was ihr Aigeus aufgetragen hatte. Sie führte ihren Sohn zu dem Felsbrocken und sagte: »So, versuche diesen Felsen hochzuheben.«

Sie wußte, er würde es können, er würde es sogar besser können, als es sein Vater gekonnt hatte. Es war ein Kinderspiel für Theseus. Er hob den Felsen hoch, benötigte dazu weder Hebel noch Seil.

Da lagen die Sandale des Aigeus und sein Schwert.

»Nimm diese beiden Dinge«, sagte Aithra. »Sie gehören deinem Vater. Ziehe nach Athen. Suche dort deinen Vater, zeige ihm diese Dinge, und er wird dich zum König machen. Ich habe keinen Grund, an seinem Wort zu zweifeln. «

Theseus verabschiedete sich von seiner Mutter und seinem Großvater Pittheus und machte sich auf den Weg.

Es gab zwei Möglichkeiten, nach Athen zu gelangen. Der kürzere Weg war mit dem Schiff über das Meer, das war ungefährlich, ruhig. Die andere Möglichkeit war, auf einem ungemütlichen, gefährlichen, strapazenreichen, langen Weg über das Land zu ziehen. Theseus entschied sich für die zweite Möglichkeit. Er wollte die zwölf Arbeiten des Herakles nachmachen.

Es ging die Kunde, daß auf diesem Weg etliche böse Gesellen lauerten, die die Passanten bedrohten. Wer die besiege, hieß es, der könne mit Ruhm rechnen. Na also.

Da war zum Beispiel ein gewisser Periphetes, angeblich ein Sohn des Gottes Hephaistos, ein Schurke, der auch Korynetes, der Knüppler, genannt wurde, weil er mit einer eisernen Keule die Passanten zu erschlagen pflegte, ehe er sie ausraubte.

Theseus stellte sich ihm im Kampf, wich der Keule aus und nutzte ihren Schwung, lenkte die Keule geschickt um, und so erschlug sich Periphetes selbst mit seiner eigenen Kraft und seiner eigenen Keule. Die Keule nahm Theseus als seine Waffe mit.

Einen Tagesmarsch weiter hatte der legendäre ungewaschene Sinis sein Lager, der auch Pityokamptes genannt wurde, der Tannenbieger. Er hatte sich nämlich Folgendes ausgedacht, dieser Unhold: Er lauerte den Wanderern und Geschäftsleuten auf, sprang sie aus dem

Hinterhalt an, hielt sie mit einer seiner harzigen Hände fest, zog mit der anderen die Wipfel zweier Tannen nieder und band die armen Menschen je nach Laune an den Armen oder den Beinen an die Wipfel. Dann ließ er die Tannen los, und die armen Menschen schnellten in die Höhe und wurden zerrissen.

Auch ihn, den Tannenbieger, besiegte Theseus, und er tötete ihn auf dieselbe Weise, wie er seine Opfer getötet hatte.

Eine gewaltige, rasende, graue Sau besiegte er, die hieß Phaia und war die Tochter der sagenhaften Echidna und des Typhon, vor dem sogar die Götter geflohen waren. Theseus machte sie nieder.

Auch Skeiron, den Fußwäscher, der die Händler im Salto ins Meer warf, besiegte Theseus.

Kerkyon, den Ringer mit der Ölhaut, einen unbesiegten Kämpfer, bewarf Theseus so lange mit Staub, bis er ihn greifen konnte und nicht mehr an seiner glatten Haut abrutschte. Dann brach er ihm das Genick.

Am Ende zwang er Prokrustes nieder, den Strecker. Dieser Prokrustes war ein Sohn des Poseidon. Immer war er schweißgebadet, immer war er voll Hinterlist. Er wartete in seiner Schenke auf müde Wanderer, lud sie zu sich ein. Er hatte nur ein Bett, ein Bett von normaler Größe. Wenn ein Wanderer zu groß war, dann hackte ihn Prokrustes zurecht, bis er in das Bett paßte. Wenn der Wanderer zu klein war für dieses Bett, dann fesselte ihn Prokrustes und streckte ihn zurecht, bis er genauso groß war wie das Bett. Wenn er sich beim Strecken verschätzte und der Mann zu lang wurde, hackte er ihn eben wieder kleiner. So quälte und tötete dieser Prokrustes die Menschen, die in seine Falle gingen.

Theseus ergriff ihn und warf ihn auf das Folterbett, und weil Prokrustes ein sehr großer Mann war, hackte er ihn zurecht, aber er hackte ihm nicht die Füße ab, sondern den Kopf.

So hatte dieser junge Theseus auf dem umständlichen, gefährlichen Weg nach Athen sechs große Taten vollbracht, und sein Ruhm eilte ihm voraus, und er wurde mit großem Jubel in Athen empfangen.

»Ein zweiter Herakles kommt«, riefen die Leute.

Kein schöneres Kompliment hätte man dem Theseus machen können. Wer weiß, vielleicht hat er sich ja selbst diesen Slogan ausgedacht. Zuzutrauen wär es ihm. Theseus hatte von Anfang an ein sicheres Gespür für PR und Politik.

Sein Vater Aigeus erkannte ihn nicht, denn das Schwert und die Sandale hatte Theseus in seinen Rucksack gesteckt. Aber Medea, die Zauberin, sie erkannte ihn sofort. Sie wußte, das ist der Sohn, von dem das Orakel in Delphi gesprochen hatte, und sie wußte, wenn auch Aigeus, ihr Mann, ihn erkennt, dann wird er Theseus ihrem gemeinsamen Sohn Medos vorziehen.

Medea hetzte gegen den Helden Theseus, sie sagte zu Aigeus: »Wer ist der? Wer soll das sein?«

»Ein Held, der Gefahren beseitigt hat«, sagte Aigeus.

Auch er war begeistert von Theseus wie alle in Athen.

»Blind seid ihr«, sagte Medea. »Dumm und blind! Ihr laßt euch alles aufschwatzen. Wie sollte ein Mann allein mit all diesen Gefahren fertig werden! Er lügt!«

»Und wer ist er?« fragte Aigeus.

»Dieser Mann, das ist ein Spion deines Halbbruders Pallas, der sich inzwischen wieder gesammelt hat. Er will mit seinen fünfzig Söhnen kommen und dir die Macht wegnehmen. Wollen wir diesen Theseus vergiften! Ich werde das für dich tun.«

Aigeus war einverstanden.

Am Abend wurde ein Fest gegeben, und Medea vergiftete den Wein des Theseus. Vorher aber zerteilte Theseus das Fleisch, das war so üblich, daß dem Gast das Recht gegeben wurde, das Fleisch zu zerteilen. Theseus zog also das Schwert seines Vaters Aigeus aus dem Rucksack und schnitt damit den Braten auf.

Da erkannte Aigeus sein Schwert, und er sagte: »Du, laß mich doch noch einen Blick in deinen Rucksack werfen.«

Er fand die Sandale.

»Woher hast du diese Sachen?« fragte Aigeus.

»Habe ich unter einem Stein hervorgezogen«, sagte Theseus.

Gerade setzte Theseus an, um aus dem Becher mit dem vergifteten Wein zu trinken, aber Aigeus schlug ihm den Becher weg, umarmte ihn und rief: »Du bist mein Sohn, auf den ich gewartet habe das ganze Leben.«

Er griff sich das Schwert und sagte zu Medea: »Du hast es gewußt.«

»Ja«, sagte sie.

Aigeus holte aus und schlug zu. Aber Medea erhob sich in die Luft, und sie nahm ihren Sohn Medos mit, umschlang ihn und flog davon, flog zurück in ihre Heimat Kolchis, in dieses ferne Land, wo die Sonne nie hinter den Wolken hervorkommt.

Und Aigeus und Theseus, Vater und Sohn, waren zusammen. Und sie waren glücklich.

»Solange ich bei dir bin, Vater, brauchst du dich vor nichts zu fürchten«, sagte Theseus.

Athen befand sich zu dieser Zeit im Kriegszustand mit Kreta.

König Minos von Kreta erpreßte die Athener, er sagte: »Wenn ihr mir nicht zu Willen seid, wird euch mein Vater Zeus die Pest schicken!«

Die Athener wußten, daß Minos ein Liebling des Zeus war, und ließen es nicht darauf ankommen.

Minos verlangte jedes Jahr sieben Jungfrauen und sieben Jungmänner als Lebendfutter für den Minotauros, der auf Kreta in einem Labyrinth hauste. Der Minotauros war das grausige Produkt eines Seitensprungs der Gattin des Minos, Pasiphaë, mit einem Stier.

Jedes Jahr wurden sieben Jungfrauen und sieben Jungmänner in Athen ausgewählt und nach Kreta verschleppt. Das war ein großes Leid, das auf diese Stadt drückte.

Wieder wurde das Los geworfen, und Theseus, der nicht getroffen wurde, sagte: »Nein, ich bin der Königssohn, ich muß mitziehen. Es soll keine Jungfrau und kein Jungmann geschickt werden und sterben, ohne daß der Königssohn bei ihm ist. Ich werde mit nach Kreta fahren, und ich werde mit Hilfe von Aphrodite und Apoll den Minotauros besiegen.«

Das hat Eindruck gemacht.

Es war der Brauch, auf das Schiff, das diese Unglücklichen trug, schwarze Segel zu setzen, weil sie ja in ihren Tod fuhren.

Theseus sagte zu seinem Vater Aigeus: »Wenn das Schiff zurückkommt, und die schwarzen Segel sind noch gehißt, dann bin auch ich von dem Ungeheuer verschlungen worden. Aber wenn du weiße Segel siehst, dann frohlocke, denn dann habe ich den Minotauros besiegt.

Dann wirst du wissen, die Stadt Athen ist befreit, und dein Sohn ist zurückgekehrt.«

So fuhren Theseus und die jungen Männern, und die jungen Frauen nach Kreta.

Aphrodite half ihm. Sie machte, daß sich Ariadne, die Tochter des Minos, in den jungen Helden verliebte.

»Wenn du mich mit dir nimmst, werde ich dich und deine Freunde retten«, sagte sie.

Ariadne gab ihm ein Wollknäuel und sagte: »Binde das eine Ende am Eingang zum Labyrinth fest und rolle dann den Faden ab, so wirst du, solltest du den Minotauros besiegen, wieder aus dem Labyrinth herausfinden.«

Und alles wurde gut. Theseus besiegte den Minotauros und befreite somit die Jungfrauen und Jungmänner und nahm den Fluch von seiner Stadt.

Er floh mit Ariadne, ließ im Hafen von Kreta Löcher in die Schiffe des Minos schlagen, so daß er nicht verfolgt werden konnte. Es war ein einziges großes Fest auf diesem Schiff.

Aber dann kam es zu einem Zwischenfall, den kein Mythologe bis heute wirklich zu deuten weiß: Auf der Insel Naxos machte dieses fröhliche Schiff halt, und dort ließ Theseus Ariadne zurück. Und niemand weiß, warum er das tat. Manche sagen, er sei verzaubert worden. Andere sagen, Theseus war halt so ein Hallodri, er hat sie schon übergehabt, die Ariadne, und setzte sie einfach aus. Mir scheint, das paßt nicht zu seinem Charakter.

Dritte wissen es besser. Sie meinen, es war Dionysos, der Theseus mit Verwirrung geschlagen hat. Dafür spricht, daß Dionysos bald darauf kam und sich Ariadne holte, er hatte sich nämlich in sie verliebt. Deshalb hat es

Dionysos eingerichtet, daß Ariadne auf Naxos einschlief und daß der verwirrte Theseus sie vergaß.

Jedenfalls ging die Reise von Naxos weiter ohne Ariadne. Des Theseus Verwirrung aber schien noch längere Zeit anzuhalten. Immer noch trug das Schiff die schwarzen Segel. Und der Held vergaß, sie zu wechseln.

Im Hafen von Athen wartete Aigeus auf seinen Sohn, er stand auf den Zinnen und blickte hinaus auf das Meer. Dann sah er das Schiff über den Horizont kommen, und er sah, daß es noch immer die schwarzen Segel aufgezogen hatte.

Da sagte er sich: »Nun ist alles vorbei. Mein Sohn, mein geliebter Sohn, der einzige Wunsch meines Lebens, ist vom Minotauros verschlungen worden.« Und er sagte sich: »Damit hat mein Leben keinen Sinn mehr.« Und er sprang ins Meer.

Nach Aigeus wird bis heute dieses Meer genannt: die Ägäis.

Theseus aber wurde König von Athen.

Theseus – zwischen Politik und Mythos

Von der Kunst der Gesetzgebung und anderen Künsten – Von einem neuen Freund – Von den Amazonen – Von Liebe und Verrat – Von Liebe und Tod – Von der Aussöhnung mit Kreta – Von Phaedra und ihrer Leidenschaft – Von Liebesbriefen und Rachebriefen – Von einem Stier, der aus dem Meer kam

Als nun Theseus König von Athen war, da hob er sich aus dem Mythos heraus, das heißt, er war nun nicht mehr eine rein mythische Gestalt. Das, wie bereits gesagt, unterscheidet Theseus von anderen Helden, von Perseus, Herakles, Bellerophon: Er wird ein Held der Geschichte.

Theseus wird zu einer historischen Figur. Er gründete das Attische Seebündnis. Das ist nun nichts Mythisches mehr, diese militärische, politische, wirtschaftliche Vereinigung verschiedener kleiner Stadtkönigreiche hat es tatsächlich gegeben.

Theseus schaffte die Monarchie ab. Ja, er rief sich zum König aus und setzte sich als König gleich wieder ab. Allerdings ließ er sich vorher bescheinigen, daß er der oberste Kriegsherr und der oberste Richter bleibt, und zwar bis an sein Lebensende.

»Eine Stadt muß stark sein«, sagte er. »Es genügt nicht, wenn sie reich ist. Reichtum lockt die Feinde an.«

Also machte er sich systematisch daran, die Feinde Athens zu vernichten. Es waren nicht seine persönlichen Feinde, es waren keine Rachefeldzüge, sondern außenpolitische Maßnahmen.

Politik – der Mythos kennt keine Politik, er kennt das Gemeinwohl nicht, mit dem die Politik seit jeher ihre Taten, die segensreichen, mehr aber noch die Greuel rechtfertigte. Im Mythos sind die Taten persönlich motiviert, ausschließlich. Herakles kannte nur persönliche Motive für das, was er tat. Er vernichtete seine Feinde, weil sie seine Feinde waren. Sorge um das Allgemeingut kannte ein Herakles nicht. Er half Menschen, weil sie ihm sympathisch waren, nicht weil sie recht hatten.

Theseus tötete die Feinde Athens. Und wir kommen nicht aus dem Staunen heraus: Er ließ sich dafür vor Gericht stellen. Das Gesetz stammte von ihm. Der Richter Theseus machte dem Staatsmann Theseus den Prozeß. Zum ersten Mal wird Recht nach Gesetzen gesprochen, nicht nach Ermessen eines Priesters, nicht nach Willkür eines Herrschers, sondern nach verbürgten, schriftlich fixierten Gesetzen.

Der erste Angeklagte war also Theseus selbst. Und der Richter Theseus verurteilte den Angeklagten Theseus. Und: Er sprach ihn gleichzeitig auch frei. Er sprach sich selbst der Tötung für schuldig. Aber er sprach sich selbst gleichzeitig frei. Er argumentierte, seine Taten seien gerechtfertigte Tötungen gewesen.

Wir lachen heute darüber, sagen, das ist doch eine ganz schäbige juristische Manipulation. Aber bedenken wir: Wenn zu jener Zeit ein Mensch getötet wurde, dann war es ausschließlich eine Frage von Macht, ob die Tat bestraft wurde oder nicht. Im Mythos gibt es kein verbindliches Recht.

Theseus aber schuf Gesetze, unterschied darin zwischen: Phonos (Mord), Akousia (Totschlag), Phonos hekousios (gerechtfertigter Mord), Phonos akousios (entschuldbarer Mord).

Das Urteil lautete: »Phonos hekousios, gerechtfertigter Mord.«

Wer sagt, daß ein manipuliertes Recht nicht mehr wert sei als kein Recht?

Zum ersten Mal war differenzierte Rechtsprechung möglich, wenigstens möglich. So etwas wie Bürgerlichkeit konnte entstehen. Zur Stadt gehört der Bürger, er macht die Stadt groß.

Das Orakel in Delphi urteilte über die Stadt: »Athen wird auf dem stürmischen Meer so sicher reiten wie eine aufgeblasene Schweinsblase.«

Das war durchaus zweideutig zu verstehen. Die Athener galten nämlich als äußerst arrogant.

Theseus, der Politiker, holte Fremde in die Stadt, damit der Handel angekurbelt würde. Er ließ die Bürger in drei Gruppen einteilen – das ist alles nicht mehr Mythos, das ist Geschichte. Da waren die Eupatriden, das sind jene, denen der Staat Dank schuldet, die Priester, die Dichter, die Sänger, die Soldaten. Die zweite Gruppe in der öffentlichen Hierarchie stellten die Georgoi dar, die Bauern. Den dritten Rang nahmen die Demiurgoi ein, die Handwerker.

Theseus ließ Münzen prägen. Aus primitiver Tauscherei wurde der Handel.

Ja, Theseus war der Erfinder der Stadt, wie ihn spätere Politiker und Historiker sahen. Man hat eine Figur geschaffen, hat einen Helden des Mythos in die Geschichte gehoben, um der eigenen Politik Rechtfertigung zu verschaffen, indem man sie in seine Tradition stellte.

Aber Theseus ist in erster Linie ein Held des Mythos, und er wird wieder in den Mythos zurückgeholt.

Wir kennen das aus anderen Geschichten, daß große Helden neben sich auch immer Freunde haben. Heldengeschichten sind auch Geschichten von Männerfreundschaften. Herakles zog mit Iolaos durch die Welt, Odysseus vor Troja hatte Diomedes zur Seite, Achill den Patroklos. Im ältesten literarischen Zeugnis der Welt, dem Gilgamesch-Epos, treffen wir den titelgebenden König, und neben ihm steht sein Freund Engidu.

Auch Theseus hatte einen Freund. Der hieß Peirithoos. Im Unterschied zu den genannten Heldenbegleitern hat Peirithoos nicht nur die Funktion, ein Freund zu sein, mit dem man die Abenteuer teilen kann. Peirithoos führt den Theseus immer wieder in den Mythos zurück, in die Legende, ins Märchenhafte. Seine Aufgabe ist es, den Helden von der Politik abzuziehen, von der langweiligen, grauen Politik hinüberzuholen in den Mythos, in den abenteuerlichen, den blumenreichen Mythos.

Eines Tages wurde dem Theseus gemeldet: »Deine Herden sind gestohlen worden, deine Rinder sind nicht mehr auf der Weide.«

Theseus machte sich auf, den Dieb zu fassen. Und da sah er von weitem seine Rinder, und er sah, daß dort ein Mann wartete, offensichtlich der Dieb. Und der machte keine Anstalten zu fliehen. Er stand einfach da und wartete.

Theseus wollte sein Schwert ziehen und auf ihn losgehen.

Da sagte der Fremde: »Ich bin Peirithoos. Ich bin gar

nicht an deinen Herden interessiert. Ich habe mir nur
etwas ausgedacht, um dich kennenzulernen. Ich möchte
dein Freund sein.«

In dieser Offenheit trat Peirithoos dem Theseus gegenüber. Oh, das war riskant! Theseus galt zwar als ein
besonnener Mann. Rinderdiebstahl aber war ein schwe-
res Verbrechen. Und bevor Theseus das Gesetz gegründet
hatte, wurden Viehdiebe einfach an Ort und Stelle aufge-
hängt.

»Na«, sagte Peirithoos, »jetzt hättest du mir am liebsten den Schädel eingeschlagen.«

»Ja«, sagte Theseus, »es hätte nicht viel gefehlt.«

»Und dann«, fragte Peirithoos, »was wäre dann geschehen?«

»Nichts wäre geschehen«, sagte Theseus. »Du wärst
tot gewesen.«

»Und du hättest dich dann schon wieder selbst vor Gericht gestellt? Wie hättest du deine Tat genannt? Phonos,
Akousia, Phonos hekousios oder Phonos akousios?«

Die Redeweise des Peirithoos verwirrte Theseus. Aber
die Kühnheit dieses Mannes gefiel ihm.

»Was willst du?«

»Dein Freund will ich sein«, sagte Peirithoos. »Ich will
der Freund des Theseus sein.«

Da reichte ihm Theseus die Hand. Sie umarmten sich
und versprachen sich ewige Freundschaft. So ist das mit
Männerfreundschaften: alles auf der Stelle oder nichts
für immer.

Peirithoos sagte zu Theseus: »Hör zu, Freund! Ich
habe dich beobachtet, ich habe dein Leben genau verfolgt. Ich kenne alle deine Geschichten – wie du Pityokamptes getötet hast, wie du die graue Sau Phaia fertig-

gemacht hast, den Skeiron, den Kerkyon und den grauen-
haften Prokrustes. Großartig! Und ich finde so billig,
was du jetzt machst.«

»Was meinst du damit?« fragte Theseus.

»Politik«, sagte Peirithoos.

Theseus sagte: »Was ist daran billig? Ich bringe Wohl-
stand in diese Stadt. Kennst du den Spruch aus Delphi?
Man hält etwas von Athen.«

»Ja, Politik«, sagte Peirithoos, »was ist das für ein
langweiliges Geschäft. Denk an dein großes Vorbild, an
Herakles! Was, glaubst du, hält der von Politik?«

Theseus gab ihm recht. Herakles hielt gewiß nichts
von Politik.

»Komm, vergiß doch diese Stadt!« sagte Peirithoos.
»Vergiß doch die Politik! Machen wir es so wie Herakles
und Iolaos. Stellen wir ein kleines, handliches Heer zusammen und ziehen gegen die Amazonen.«

Die Amazonen waren der Inbegriff des Gefährlichen,
des Unberechenbaren. Frauen, die kämpften, die morde-
ten, die sich Männer als Sklaven hielten, die mit Pfeil und
Bogen umgehen konnten wie kein Mann – davor mußten
sich Helden fürchten. Und sie fürchteten sich davor.

Peirithoos sagte: »Man erzählt, sie seien unbesiegbar.«

»Sogar Herakles konnte sie nicht besiegen«, ergänzte
Theseus.

Peirithoos sagte: »Wir werden sie besiegen.«

Süß ist der Übermut der Jugend, noch süßer die Erinnerung daran. Dem Theseus fielen seine Heldentaten
ein, und voll Selbstbegeisterung und Selbstverliebtheit
dachte er: Was ist nur aus mir geworden? Und er gab sich
selbst die Antwort: ein Politiker. Er ließ sich von Peirithoos überreden.

Man stellte eine kleine Gruppe zusammen, ein kleines Heer, eine Schlägerbande im Grunde, rüstete ein paar Schiffe aus und fuhr in dieses ferne Land im Osten, wo die Amazonen herrschten.

Die Amazonen, hieß es, lassen sich eine Brust abschneiden, damit sie den Bogen besser spannen können. Wenn sie Knaben zur Welt bringen, brechen sie ihnen die Arme und die Beine, damit sie verkrüppelt sind und untauglich für das Kriegshandwerk. Das war die Legende.

»Großartige Frauen«, sagte Peirithoos, »großartige Gegner!«

Theseus und Peirithoos fanden das Land der Amazonen, und zu ihrer größten Überraschung wurden sie freundlich, höflich, überaus gastfreundlich empfangen. Man bot ihnen die besten Speisen an, bat sie Platz zu nehmen auf weichen Diwanen, fächelte ihnen Luft zu.

Sie aber lauerten. Die Helden dachten, das ist ein Trick.

»Was wollen die von uns«, sagten sie sich.

Dachten, irgend etwas wird gleich geschehen. Hielten die Hände nahe am Gürtel.

Nichts geschah, was ihr Mißtrauen gerechtfertigt hätte. Hippolyte, die Königin der Amazonen, bewirtete sie.

»Schöne Männer seid ihr«, sagte sie zu Theseus und Peirithoos.

Das machte die beiden verlegen, das waren sie nicht gewohnt, das war nicht üblich dort, wo sie herkamen, daß Frauen den Männern solche Komplimente machten. Hippolyte und ihre Geliebte, Antiope, kümmerten sich um die Helden. Sie sollen doch eine Weile hierbleiben, sagten sie. Man werde dafür Sorge tragen, daß es ihnen an nichts mangle.

»Sollen wir?« fragte Peirithoos.

»Warum nicht«, sagte Theseus.

»Ja, warum nicht«, sagte Peirithoos.

Und auch ihre Gefährten hatten nichts dagegen. Die Helden ließen sich verwöhnen, und ihre Vorurteile lösten sich allmählich auf. Angenehm war das.

Da kam es zu einem Zwischenfall. Einer der Männer, ein gewisser Solon, verliebte sich unsterblich in Antiope, die Geliebte der Königin. Und dieser Solon war ein schüchterner Mann, und er getraute sich nicht, der Antiope seine Liebe zu gestehen. Er schickte seinen Bruder vor.

Der Bruder sagte zu Antiope: »Folgendes Problem: Solon, mein Bruder, ist unsterblich in dich verliebt. Ob du auch in ihn unsterblich verliebt bist?«

»Nein«, sagte Antiope, »bin ich nicht.«

»Und warum nicht?«

»Bin ich eben nicht.«

»Und in einen anderen?«

»In einen anderen, ja. Nicht unsterblich, aber doch.«

Der Bruder ging zu Solon und teilte es ihm mit: »In einen anderen ja, aber nicht unsterblich.« Da könne man nichts machen, sagte er.

Solon war verzweifelt und nahm sich das Leben.

Nun kamen Gerüchte auf. Es hieß, Solon sei von Antiope in den Tod getrieben worden.

Dann sprach es einer aus: »Die Amazonen wollen uns umbringen. Sie machen es auf eine Art, gegen die wir nichts ausrichten können. Sie haben uns in eine Falle gelockt.«

Man hielt die Hände wieder nahe am Gürtel. Die Stimmung war schlecht. Die Amazonen zeigten sich nicht mehr so freundlich wie vorher, sie bewaffneten sich.

Theseus und Peirithoos sagten zu ihren Leuten: »Vorsicht! Wir sind eine kleine Gruppe, wir haben nicht die geringste Chance gegen die Amazonen. Sie sind in der Überzahl, und sie sind gute Kriegerinnen.«

Und die Sache war kompliziert: Denn da gab es Beziehungen zwischen Theseus und Hippolyte und zwischen Peirithoos und Antiope. Den Peirithoos liebte die Antiope, nicht unsterblich, aber immerhin, jedenfalls ließ sie ihn zu sich ins Bett. Da nahmen Theseus und Peirithoos die Antiope und die Hippolyte gefangen, das heißt, sie nahmen sie in Schutzhaft vor den eigenen Männern, und sie flohen und versteckten sich.

Sie verkrochen sich in einer Höhle. Das war romantisch. Dort liebten sie sich und fühlten sich als Verräter, was aufregend sein kann.

»Ist das nicht besser als Politik«, sagte Peirithoos, als die beiden wach nebeneinander lagen, die Frauen schliefen bereits.

»Ist schon besser«, sagte Theseus.

»Und wie findest du die beiden?«

»Eine so gut wie die andere.«

Weder Peirithoos noch Theseus bemerkten, daß Antiope wach lag, daß sie ihr Gespräch belauschte.

»Was hältst du davon«, sagte Peirithoos, »wenn wir tauschen? Du bekommst die Antiope, ich nehme dafür die Hippolyte.«

»Warum nicht«, sagte Theseus. »Es muß ja nicht für immer sein.«

Das hat der Antiope weh getan. Sie hatte ja ihr Volk verraten, war diesen Männern nachgefolgt, hatte sich mit ihnen in diese romantische Höhle verkrochen. Und nun hörte sie, daß sie einfach getauscht werden sollte.

Sie lief zurück zu ihren Amazonen und organisierte den Angriff. Theseus, Peirithoos und Hippolyte, die Theseus wirklich liebte, sie mußten fliehen. Und als dann das Unausdenkliche geschah, nämlich ein Großangriff der Amazonen auf die Stadt Athen, da stand Hippolyte, die Königin der Amazonen, auf der Seite des Theseus, auf der Seite Athens, und kämpfte gegen ihre eigenen Frauen, gegen ihr eigenes Volk.

Hippolyte hatte inzwischen einen Sohn geboren, einen Sohn von Theseus. Hippolytos nannten sie ihn. Sie wollte ihr Volk verlassen, sie wollte in Athen bleiben, wollte nur noch Frau und Mutter sein.

»Ich werde mit Antiope sprechen«, sagte sie zu Theseus. »Ich werde ihr sagen, sie soll die Kämpferinnen zurückziehen.«

Hippolyte trat vor das Tor der Stadt. Sie sprach mit Antiope. Antiope weinte, flehte Hippolyte an, sie möge zu ihr zurückkommen. Aber Hippolyte schüttelte den Kopf.

»Gut«, sagte Antiope, »wir werden uns zurückziehen. Aber du sollst nicht hierbleiben.«

Sie nahm den Bogen von der Schulter, Hippolyte meinte, sie übergebe ihr die Waffe. Antiope aber legte einen Pfeil an die Sehne und schoß ihn Hippolyte ins Herz.

Die Schlacht war gewonnen, die Amazonen waren zurückgeschlagen, aber Theseus hatte seine Frau verloren.

Es blieb ihm sein Sohn Hippolytos. Peirithoos, der ihn zu diesem Abenteuer angestiftet hatte, zog sich zurück.

Theseus tritt wieder aus dem Mythos heraus, tritt wieder ein in die Geschichte. Er wird wieder Politiker.

Er besann sich und sagte: »Nun will ich wieder ein Staatsmann sein. Ich will dafür sorgen, daß mein Sohn ein gutes Leben hat. Ich will dafür sorgen, daß Athen noch größer, noch glücklicher wird.«

Er hatte genug von der mythischen Abenteurerei, es gab genug Konflikte in der Realität der Geschichte, die gelöst werden mußten. Zum Beispiel dieser alte Streit mit Kreta.

Theseus sagte: »Nein, ich will keinen Krieg führen, ich habe vom Krieg genug, der Krieg hat mir Leid gebracht.«

Er blickte voll Liebe auf seinen Sohn Hippolytos.

Er sagte: »Hippolytos soll im Frieden groß werden, er soll ein Wissenschaftler werden, ein Politiker werden, er soll der Stadt Gutes bringen. Ich will ihm dafür das Feld ebnen. Ich will den Konflikt mit Kreta friedlich lösen.«

Er machte sich auf nach Kreta und kündigte König Minos an, er wolle mit ihm verhandeln.

Er sagte: »Es gibt nichts, was man nicht im Gespräch lösen könnte.«

Minos, inzwischen schon alt, nicht mehr ein solcher Haudegen wie früher, war damit einverstanden. Sie räumten in langen Verhandlungen alle Streitpunkte aus.

Am Schluß sagte Minos: »Gut, laß uns doch diesen neuen Friedensvertrag zwischen Kreta und Athen durch eine Heirat besiegeln.«

Und Theseus war einverstanden.

Minos sagte: »Ich habe dir zwar nicht vergessen, daß du mir die eine Tochter, Ariadne, entführt hast, aber wir haben es im Friedensvertrag so geregelt, daß dafür keine

Rache geübt wird. Nun biete ich dir meine andere Tochter, Phaedra, an. Sie ist vielleicht nicht ganz so schön, wie
Ariadne gewesen war, aber sie ist eine gute Frau. «

Theseus schlug ein, er nahm Phaedra zur Frau. Phaedra wurde gar nicht gefragt bei diesem Handel. Die Ver-
bindung mit der emanzipierten Amazone Hippolyte
hatte bei Theseus in dieser Beziehung wohl nichts ge-
fruchtet.

Theseus nahm Phaedra mit nach Athen, und Phaedra
fügte sich. Sie war einsam in dieser fremden Stadt, sie
kannte dort niemanden, und sie hatte Heimweh nach
ihrem Kreta. Dann traf sie jemanden, mit dem sie sich gut
verstand, nämlich Hippolytos, den Sohn des Theseus und
der Hippolyte.

Dieser Hippolytos redete seit dem Tod seiner Mutter
mit niemandem mehr, vermied die Zusammenkünfte,
war ein Einzelgänger. Er verehrte die Göttin Artemis und
hielt sich auch am liebsten in den Auen und Wäldern der
Umgebung auf. Hippolytos und Phaedra verstanden sich
gut, sie unterhielten sich, machten lange Spaziergänge.
Sie wurden Vertraute.

Aber ihre Beziehung beruhte auf einem Mißverständnis. Phaedra war entflammt von Leidenschaft für diesen
Hippolytos. Hippolytos dagegen sah in ihr ausschließlich
die Seelenfreundin.

Eines Tages beobachtete ihn Phaedra heimlich im Bad,
sie hatte sich hinter einem Myrtenbaum versteckt. Da
brannte ihre Leidenschaft so heftig, daß sie eine Haarnadel nahm und in ihrer hilflosen Verzweiflung Löcher in
die Blätter des Myrtenbaumes stieß. Bis heute kann man
diese Löcher in den Myrtenblättern sehen.

Schließlich konnte sie nicht mehr. Sie mußte Hippolytos ihre Liebe gestehen. Aber sie traute sich nicht, ihm die Worte ins Gesicht zu sagen. Sie schrieb einen Brief.

Sie schrieb: »Ich will glauben, auch du bist voll Leidenschaft für mich. Laß uns fliehen, laß uns ein gemeinsames Leben führen.«

Aber Hippolytos war nicht von Leidenschaft für Phaedra erfüllt, und der Brief stieß ihn ab.

Er stellte Phaedra zur Rede, sagte: »Was fällt dir ein? Du bist die Frau meines Vaters, und ich respektiere dich als Frau meines Vaters. Aber laß mich in Frieden, nie wieder will ich dich sehen!«

Er schlug die Tür hinter sich zu.

Phaedra war gedemütigt. Sie wollte nicht mehr leben. Sie setzte einen neuen Brief auf, und dieser Brief war eine Verleumdung, er war an Theseus gerichtet.

Sie schrieb: »Ich will nicht mehr leben, denn dein Sohn Hippolytos hat mich vergewaltigt. Er stellt mir nach und läßt mich nicht mehr los. Ich will nicht im Betrug leben. Deshalb nehme ich mir das Leben.«

Sie erhängte sich.

Als Theseus den Brief las, jagte er Hippolytos aus Athen fort, seinen Sohn, in den er so viel Hoffnung gesetzt hatte. Er verbannte ihn. Das war eine Strafe, die der Todesstrafe gleichkam.

Hippolytos verließ Athen, zog mit seinem Wagen am Ufer des Meeres entlang. Theseus schickte ihm einen Fluch nach, ein Gebet an Poseidon: »Töte ihn!«

Poseidon trat als ein weißer Stier aus dem Wasser, rannte den Hippolytos nieder und tötete ihn.

Nur die Göttin Artemis trauerte. Hippolytos war ihr Lieblingsjünger gewesen.

In ihrer Trauer ging sie zu dem großen Arzt Asklepios

und sagte zu ihm: »Tu das, was du schon die ganze Zeit tun willst! Mach einen Toten lebendig! Diesen Hippolytos. Laß ihn leben, gib ihn mir zurück, laß ihn in meine Wälder, ich werde auf ihn aufpassen!«

Asklepios tat, worum ihn die Göttin gebeten hatte, er machte den Hippolytos wieder lebendig. Das aber führte zu einem kritischen Konflikt im Olymp. Denn wo kommen die Götter hin, wenn die Menschen unsterblich werden! Aber das ist eine andere Geschichte.

Theseus' Ende

Von Ixion, einem klassischen Bösewicht – Von den
Kentauren – Von Kaineus und Kainis – Von einer
mißglückten Hochzeit – Von Helena, Tochter des Zeus –
Von den Schemeln des Vergessens – Von Herakles,
dem Befreier – Vom Tod des Theseus

Theseus war in seiner Existenz gespalten. Kaum etablierte er sich als Politiker, verschaffte sich Würde und Respekt, schon tauchte sein zweites Ich auf, meldete sich der Mythos in ihm.

Sein Freund Peirithoos war die Ursache. Der stand eines Tages in der Tür.

»Ist das gut, was du hier machst?« fragte er.

»Es ist gut für die Stadt und ihre Bürger«, sagte Theseus und wollte schon zu einer kleinen Rede ausholen.

»Jämmerlich finde ich es«, unterbrach ihn Peirithoos. »Was interessieren mich die Stadt und ihre Bürger! Wir werden nicht ewig leben, vergiß das nicht, Theseus!«

»Ich hoffe, die Götter werden mir noch viel Schaffenskraft geben, damit ich für das Wohl der Stadt...«

»Was redest du für ein glattes Zeug daher!« rief Peirithoos. »Was faselst du vom Wohl der Stadt? Feierst du keine Feste mehr? Interessieren dich die Frauen nicht mehr?«

So redete Peirithoos mit Theseus. Und was sonst niemandem gelang: Er verunsicherte ihn.

Wer ist dieser Peirithoos?

Sein Vater war ein weltbekannter Bösewicht, nämlich Ixion. Ixion hatte ein Verhältnis mit der Tochter seines Bruders, mit seiner eigenen Nichte also. Dia hieß sie, und mit ihr zeugte Ixion den Peirithoos.

Ixion versteckte das Kind, sein Verhältnis zu Dia sollte verborgen bleiben. Peirithoos war in den frühen Kinderjahren allein, streifte herum, ein wilder Balg.

Eines Tages aber kam Ixions Bruder hinter die ganze Sache, und er stellte Ixion zur Rede.

»Du hast ein Verhältnis mit meiner Tochter, du bist ein Lump. Ich sollte dich erschlagen. Nimm sie! Behalte sie! Ich will sie nicht mehr! Aber du nimmst sie dir nicht zur Frau, ohne dafür mir, ihrem Vater, Brautgeschenke gegeben zu haben. Verstehst du? Also, beschenke mich!«

Ixion sagte: »Ja, ja, das werde ich schon nachholen. Keine Sorge.«

Ixion war verschlagen und war geizig dazu.

Er sagte zu seinem Bruder: »Hör zu, wir machen das ganz offiziell. Komm du auf meinen Hof, und dann werden wir das alles regeln. Du sollst beschenkt werden.«

Und nun ließ Ixion um seinen Hof herum einen tiefen Graben ausheben, und den deckte er zu und führte den Weg darüber, eine Fallgrube also. Und in die Fallgrube warf er an dem Tag, an dem sein Bruder kam, glühende Kohlen. Und da stürzte der Bruder in die Grube und verbrannte elend. Weil er seinem Bruder die Brautgeschenke nicht bezahlen wollte, darum hatte Ixion das getan, aus Geiz.

Ixion ist der Kain der griechischen Mythologie, er ist der erste, der einen Brudermord begangen hat. Niemand wollte Ixion von dieser Schuld reinigen. Die Reinigung von einer Schuld, das war so eine Art Beichte, und niemand wollte ihm diese abnehmen.

Da blickte Ixion zum Olymp hinauf und rief: »Und von euch, gibt es keinen von euch, der mich von meiner Tat reinigen möchte?«

Also, ich bin mir sicher, daß dies kein Gebet war, sondern daß Ixion ein Zyniker war, daß er sich über die Götter lustig machte. Ich glaube nicht, daß dem etwas an Seelenreinigung gelegen war.

Keiner von den Göttern wollte ihn reinigen. Die Götter waren empört, besonders Hera.

Hera zeigte auf den Übeltäter und sagte: »Hätte ich das gewußt, daß Menschen zu so etwas fähig sind, hätte ich damals, als die Sache mit der Sintflut zur Debatte stand, dafür plädiert, daß diese Krätze vom Erdball verschwindet.«

Da wurde Zeus trotzig. Er war es ja gewesen, der damals überstimmt worden war, der die Sintflut geschickt hatte, um die Menschheit auszurotten. Und dann waren Deukalion und Pyrrha übriggeblieben, und die anderen Götter hatten ihn angefleht, er solle dieses Paar wenigstens überleben lassen.

»Wenn es nach mir gegangen wäre, gäb's dieses Problem nicht mehr«, sagte er. »Ihr habt gesagt, der Mensch ist voll Fehler, man muß das tolerieren. Dann toleriert es gefälligst!«

Den Brudermord des Ixion wollte aber keiner der Götter tolerieren. Und da stellte sich Zeus auf die Seite des Unholds.

Er sagte: »Nein, da habe ich überhaupt nichts dagegen. Ich habe mich mit dieser Krätze abgefunden.«

Er lud den Ixion sogar zu einem Mahl in den Olymp, eine ungeheure Provokation gegenüber allen anderen Göttern. Stumm saßen sie in der Runde, als Ixion zu Gast war.

Da kam es zu einem Vorfall, der uns die Sprache verschlägt. Dieser Ixion war wahrhaftig ein wilder Hund, der sich vor nichts genierte und sich aber auch vor gar nichts fürchtete.

Ixion saß zufällig neben Hera. Und als man da so beim Essen war, fing er an, heimlich mit Hera zu schäkern. Er meinte wohl, Zeus würde das nicht merken. Alle Götter haben es bemerkt. Er machte sich an Hera heran. Kniedrücken, zwinkern, stumme Worte hauchen unter hängenden Augenlidern. Eine solche Unverschämtheit ist nun wirklich einmalig in der gesamten griechischen Mythologie.

Hera wandte sich hinterher an Zeus und sagte: »Hast du das gesehen?«

Er sagte: »Natürlich habe ich es gesehen. Wir werden ein zweites Essen machen und ihn wieder einladen.«

»Was?« entsetzte sich Hera. »Du willst ihn dafür auch noch belohnen?«

»Wenn du nicht willst«, sagte Zeus, »brauchst du nicht dabei zu sein.«

O nein, sie wollte nicht dabei sein, grollend zog sich Hera zurück.

Zeus rief Hephaistos, der ja weit mehr ist als nur ein Schmiedegott. Nichts Handwerkliches bringt diesen Hephaistos in Verlegenheit.

»Du sollst mir eine Kopie von meiner Hera machen«, sagte Zeus.

»Und aus welchem Material?« fragte Hephaistos.

»Wolke«, sagte Zeus.

Aus Wolken formte nun Hephaistos Nephele, die sah genauso aus wie Hera, und die setzte Zeus bei dem zweiten Essen oben im Olymp neben Ixion.

Ixion, nun noch dreister, machte sich an Nephele heran, meinte er doch, es sei Hera. Auf einen Wink von Zeus hin zogen sich die Götter von der Tafel zurück, und da waren Ixion und Nephele allein.

Ixion legte seine Arme um Nephele und sagte: »Schöne Hera, ich werde dir zeigen, wie ein Menschenmann liebt, dann wirst du deinen Zeus vergessen.«

Er schlief mit ihr, und Nephele, die aus Wolken geformt war, wurde schwanger. Sie brachte die Kentauren zur Welt, aber soweit sind wir noch nicht.

Nun traten die Götter hervor und sagten: »Ixion, bist du eigentlich völlig verrückt geworden? Dafür wirst du büßen, und zwar wirst du eine Strafe im Tartaros erleiden, die als eine der klassischen Strafen in die Mythologie eingehen wird.«

Sie nagelten Ixion auf ein Rad, zündeten das Rad an, und dieses Rad dreht sich unten im Tartaros bis zum heutigen Tag und wird sich bis zum letzten Tag weiterdrehen.

Dieser Ixion also war der Vater des Peirithoos, des Freundes des Theseus.

Peirithoos war ein Desperado, er hatte das Wilde, das Furchtlose seines Vaters im Blut.

Er hatte sich lange Zeit nicht mehr sehen lassen in Athen am Hof des Theseus. Theseus freute sich, sie umarmten sich.

Peirithoos sagte: »Also, was ist mit den Frauen?«

»Ich habe kein Glück mit Frauen«, sagte Theseus. »Die erste ist im Krieg gefallen, die zweite hat sich erhängt. Und du, Peirithoos?«

Peirithoos lächelte: »Vielleicht will ich nun auch seßhaft werden«, sagte er. »Ich muß ja nicht gleich Staatsmann werden wie du. Ich bin gekommen, um dich zu meiner Hochzeit einzuladen.«

Ein Fest wurde veranstaltet. Die alten Haudegen aus der Zeit des Amazonenfeldzugs kamen. Dann hatte Peirithoos noch einige Verwandte angekündigt. Theseus brachte reichlich Geschenke mit, denn er liebte seinen Freund.

»Was für Verwandte denn?« fragte er.

»Du wirst sehen«, sagte Peirithoos, »keine hübschen Verwandten.«

Es waren die Kentauren, seine Halbbrüder, wahrhaftig keine hübschen Verwandten, halb Pferd und halb Mann waren sie. Eine aggressive Bagage. Die führten sich auf. Säufer. Sie betranken sich. Kentauren vertragen, wie man weiß, den Alkohol nicht, und sie kennen keinen Bahnhof beim Saufen, und sie wurden immer wilder und wilder.

Da fiel es einem dieser Kentauren ein, die Braut des Peirithoos anzutatschen.

»Bin ja der Bruder, bleibt ja in der Familie!«

Merkwürdigerweise war es nicht Peirithoos, der Einspruch erhob, es war auch nicht Theseus, es war einer ihre Freunde, ein gewisser Kaineus.

Kaineus stand auf und sagte sehr deutlich: »Niemand, niemand, ganz egal, wer es auch sei, rührt in meiner Gegenwart eine Frau an, die das nicht will!«

Wer war dieser Kaineus, der die Braut des Peirithoos

so mutig gegen die Kentauren verteidigte? Es sei kurz seine Geschichte erzählt.

Kaineus hieß ursprünglich Kainis, und er war ein Mädchen. Dieses Mädchen war sehr zart und verletzbar und verträumt. Im Leben und in der Welt kannte es sich nicht gut aus.

Eines Tages spazierte Kainis am Meer entlang, da tauchte Poseidon aus dem Wasser auf und vergewaltigte sie. Sie schrie nicht, sie weinte nur. Da bekam Poseidon ein wenig ein schlechtes Gewissen oder irgend etwas Ähnliches, für das wir kein Wort haben.

Er sagte zu Kainis: »Gut, ich habe es getan. Ich kann es nicht mehr rückgängig machen. Jetzt darfst du dir etwas wünschen von mir. Was wünschst du dir?«

Sie sagte: »Ich wünsche mir, daß ich ein Mann werde, ein wilder, ein starker Mann, dem nie so etwas passieren kann. Ich möchte unverwundbar sein.«

Poseidon sagte: »Gut, das mache ich dir.«

So wurde aus Kainis Kaineus, und er wurde ein Rabauke, ein starker Mann, ein wilder Mann.

Als nun Kaineus sah, wie einer dieser besoffenen Kentauren auf die Braut losging, da fiel ihm das alles wieder ein, und er stand auf und stellte sich schützend vor die Braut.

Und da hauten die Kentauren auf Kaineus ein, und sie schlugen ihn und schlugen auf ihn ein, der ja unverwundbar war und die ganze Zeit nur grinste, weil ihm die Schläge der blöden Kentauren nicht weh taten, und so schlugen sie ihn in den Boden hinein und schlugen weiter auf ihn ein, bis er durch den Erdboden hindurch in den Hades fiel.

Und dort, dort unten verwandelte sich Kaineus wieder in Kainis, in das zarte, verwundbare Mädchen. Und Persephone, die Göttin der Unterwelt, die gütige, nahm sie in ihren Arm und trocknete ihre Tränen.

Aber oben auf der Erde, auf dem Hochzeitsplatz, gab es eine Massenschlägerei. Die endete nicht sehr gut: Theseus und Peirithoos kämpften gegen die Kentauren, und sie siegten, wen wundert's, aber die Braut starb. Und Peirithoos war Witwer, noch bevor seine Hochzeit überhaupt beendet war.

Theseus nahm seinen Freund mit nach Athen an den Hof, er wollte ihn trösten und sagte: »Siehst du, das ist eine gute Gelegenheit, sich wieder der Allgemeinheit zuzuwenden...«

»Was?« meinte Peirithoos.

»Ich könnte dich zu meinem Minister machen«, sagte Theseus.

»Danke, nein«, sagte Peirithoos. »Was geschehen ist, ist geschehen, und es tut mir leid, ich habe sie ganz gerne gehabt. Aber im Grunde genommen – wir beide, du und ich, auf uns warten noch andere Frauen. Ich meine, wenn wir uns anschauen, was für ein Leben wir haben, was für Hoffnungen wir haben, was wir für Männer sind, dann müssen wir doch einsehen, für uns kommen doch eigentlich nur Töchter des Zeus in Frage.«

So redete Peirithoos und stiftete Theseus wieder an und zog ihn wieder ab aus der Welt des Realen, aus der Geschichte, aus der Politik, hinüber in den Mythos.

Sie schworen sich gegenseitig erneut die Treue, sagten: »Für uns kommen also nur Töchter des Zeus in Frage. Ich werde dir helfen, Theseus, eine Tochter des Zeus zu bekommen.«

»Und ich, Peirithoos, werde dir helfen, eine Tochter des Zeus zu bekommen.«

»Gut«, sagte Peirithoos, »fangen wir doch bei dir an, du bist ein König, ich bin ja nur ein Vagabund.«

Sie sahen sich um, und es hieß, in Lakedaimon lebe die schönste Frau der Welt, ihr Name sei Helena.

Helena war damals zwölf Jahre alt. Ihr Ruf hatte sich bereits auf der ganzen Welt verbreitet. Sie war ja eine Tochter des Zeus, in einem Ei war sie nach Lakedaimon gebracht und dort von Königin Leda unter der Daunendecke ausgebrütet worden.

»Helena«, sagte Peirithoos, »die wird bald vergeben sein. Die müssen wir jetzt holen. Später wird es schwieriger.«

Also machten sich Peirithoos und Theseus auf den Weg nach Lakedaimon, und sie raubten die zwölfjährige Helena und entführten sie nach Athen.

Theseus wußte, es war nicht richtig, was er tat. Er rührte sie nicht an, die Helena. Er verfügte, daß sie die beste Unterkunft bekomme.

Er fürchtete, Zeus könnte es ihm verübeln, wenn er sich seiner Tochter gegenüber ungebührlich benehme.

Auch die Bürger von Athen fanden es gar nicht gut, was ihr oberster Richter und Kriegsherr da angestellt hatte.

Die Bürger mochten den Peirithoos nicht, sie sagten: »Nun hat unser Theseus wieder seinen Rappel. Sein Freund ist wiedergekommen. Hoffentlich geht's gut aus für die Stadt.«

Als dann Helenas Brüder, die Dioskuren Kastor und Polydeukes, kamen, um ihre Schwester zu holen, da gab ihnen Theseus das Mädchen freiwillig heraus, entschuldigte sich sogar für seine Tat.

Aber immerhin, der Akt war gesetzt, ein Teil des gegenseitigen Versprechens war eingehalten worden, man hatte eine Tochter des Zeus entführt.

Peirithoos sagte: »Nun bin ich dran. Du hast geschworen, du wirst mir helfen, ebenfalls eine Tochter des Zeus zu bekommen. Welche soll ich nehmen?«

»Wollen wir es nicht lassen?« weinte Theseus.

»Nein«, sagte Peirithoos. »Welche soll ich nehmen?«

Theseus sagte: »Ich weiß es nicht. Es gibt viele Töchter des Zeus.«

Ihm wurde sein Freund Peirithoos wohl allmählich unheimlich.

Peirithoos sagte: »Nein, nein, wir wollen die Lösung dieses Problems nicht unseren dummen Köpfen überlassen. Wir suchen ein Orakel des Zeus auf. Er soll mir doch durch seinen Priester höchstpersönlich sagen, welche seiner Töchter für mich angemessen ist.«

Sie besuchten den heiligen Ort, und der Priester des Zeus hörte sich die Geschichte des Peirithoos an, und er konnte das nicht ernst nehmen, was er da hörte.

Und weil er es nicht ernst nahm und weil er außerdem ein ironischer Mensch war, dieser Priester, sagte er: »Ja also, dann holt euch doch gleich die Lieblingstochter des Zeus. So einer wie du, Peirithoos, der hat doch nur das Beste verdient. Hol dir doch Persephone, die Königin der Unterwelt!«

Theseus dachte sich: Na gut, damit ist dieses Thema erledigt, denn das geht nun wirklich nicht, man kann sich doch nicht die Königin der Unterwelt holen.

Aber Peirithoos, der Wilde, der Furchtlose, der Sohn des Ixion, der sagte: »Nein, nein, die will ich mir holen, die Persephone, und du, Theseus, du hast mir geschworen, du wirst mir dabei helfen.«

Dieser Schwur war nun einmal gegeben, und Theseus wollte nicht zurückstehen.

Sie stiegen also in die Unterwelt hinab, um Persephone zu rauben. Da gab es Schleichwege, die kannte Peirithoos. Und dann waren sie angekommen und sprachen bei Hades vor.

Peirithoos führte das Wort, wer sonst: »Du«, sagte er, »ich möchte deine Frau Persephone. Die möchte ich zur Gattin haben.«

Theseus rechnete damit, daß sie Hades bestenfalls aus der Unterwelt jagen, schlimmstenfalls in den Tartaros prügeln würde, wo sie dem Ixion Gesellschaft leisten konnten.

Aber Hades, finstere Miene, blieb ruhig, sagte: »Ich wiederhole es noch einmal, nur damit kein Mißverständnis aufkommt: Du, Peirithoos, du willst also meine Frau, die Göttin der Unterwelt, Persephone willst du mir wegnehmen und zu deiner Frau machen. Habe ich das richtig verstanden?«

»Ja«, sagte Peirithoos, »genau das will ich.«

»Na gut«, sagte Hades, »dann wollen wir doch auch hören, was Persephone dazu zu sagen hat. Nehmt inzwischen Platz!«

Da standen zwei Schemel.

»Setzt euch nieder und wartet«, sagte Hades und ging.

Peirithoos sagte zu Theseus: »Na, was hast du denn Angst gehabt? Läuft ja alles wunderbar, läuft alles ganz wunderbar. Das hat nur noch nie jemand versucht.«

Sie setzten sich auf die Schemel. Aber es waren besondere Schemel. Die Schemel des Vergessens, so hießen die.

Wer sich auf die draufsetzt, der kommt nicht mehr los,
der wächst an, und allmählich geht sein Fleisch in den
Schemel über. Schlangen kriechen aus allen Löchern des
Bodens, und der Boden der Unterwelt ist der löchrigste
Boden, der sich denken läßt. Kerberos, der Höllenhund,
kommt und bedroht, und kein Hund auf der Welt kann
so gut bedrohen wie der.

So hockten Theseus und Peirithoos in der Unterwelt
fest.

Viele Jahre später stieg Herakles in die Unterwelt, um
den Kerberos zu holen – das war die letzte Arbeit, die ihm
auferlegt worden war –, da sah er die beiden auf den
Schemeln sitzen, mit sturem Blick hockten sie da.

»Wer bist du?« fragte Herakles den Theseus.

»Ich weiß es nicht«, gab er zur Antwort. Er saß ja auf
einem Schemel des Vergessens.

»Bist du nicht der Theseus«, sagte Herakles, »dem ich,
als er ein Bub war, den Finger auf die Nase gedrückt
habe?«

»Ich weiß es nicht«, gab Theseus zur Antwort.

Da bat Herakles den Hades, ob er Theseus und Peirithoos mit nach oben nehmen dürfe.

»Frag meine Frau«, sagte Hades.

Persephone sagte: »Den Theseus kannst du mitnehmen. Aber den Peirithoos, den läßt du hier, der kommt
nicht mehr weg. Nie mehr. Den Theseus nimm mit. Wenn
du ihn von dem Schemel losreißen kannst, gehört er dir.«

Herakles nahm seine ganze Kraft zusammen, faßte
den Theseus unter den Armen, stellte sich auf den Schemel und riß den Theseus los.

Die Bürger jener Städte, die so neidisch auf Athen sind,
die sagen: »Daher kommt es, daß die Männer aus Athen

so kleine Hintern haben, weil ein Teil des Hinterns ihres Ahnherrn ja an dem Schemel des Vergessens hängen geblieben ist.«

Herakles führte Theseus wieder in die Realität, wieder nach oben und führte ihn aus dem Mythos heraus, zurück in seine Stadt, nach Athen.

Von nun an blieb Theseus Staatsmann, sein Verführer, sein zweites Ich, Peirithoos, sitzt unten und denkt nichts.

Wie starb Theseus? Bei solch gewaltigen Helden, da will man ja, daß sie entweder vergöttlicht werden wie Herakles oder daß sie wenigstens einen bombastischen, einen dramatischen Tod sterben.

Des Theseus Tod war für mythische Verhältnisse recht undramatisch. Er wurde von einem Verräter, einem König namens Lykomedes, von einer Klippe ins Meer gestürzt. Da war Theseus schon ein alter Mann. Niemand weiß bis heute genau, was die Motive des Mörders waren. Vielleicht genügte es ihm als Motiv, daß man ihn bis in alle Zeit als Mörder des Theseus in Erinnerung behalten würde.

Übrigens: Dieser Meuchler, dieser Lykomedes, er wird später noch eine andere Gelegenheit haben, seinen Namen unsterblich zu machen. Er hätte den Theseus also ruhig leben lassen können. Er wird nämlich der Schwiegervater des Achill werden, der Großvater des Neoptolemos... – Aber auch das ist eine andere Geschichte.

Glaukos

*Von Akakallis – Von Katreus und seinen Verbindungen –
Von einem merkwürdigen Orakelspruch – Von einem
Kalb, das die Farbe wechselte – Von Polyeidos, dem
Seher – Von einem Honigtopf – Von zwei Schlangen –
Vom Dank und Fluch des Sehers*

Wir erinnern uns an Minos: Minos, Sohn der Europa und
des Zeus, er war König auf Kreta, heiratete Pasiphaë und
hatte mehrere Kinder mit ihr. Von den Töchtern Ariadne
und Phaedra habe ich bereits erzählt. Akakallis hieß eine
andere Tochter des Minos und der Pasiphaë, sie wurde
die Geliebte des Apoll, es hieß, keine habe der Gott mehr
geliebt als sie.

Katreus war ein Sohn von Minos und Pasiphaë, er stellt
ein Verbindungsglied zwischen dem minoischen und dem
mykenischen Sagenkreis dar. Dem Katreus wurde ge-
weissagt, eines seiner Kinder werde ihn töten. Er wollte
daraufhin seinen Sohn Althaimenes beseitigen, der aber
floh nach Rhodos. Seine Töchter Aërope und Klymene
verkaufte Katreus an Nauplios, er solle mit ihnen machen, was er wolle. Nauplios heiratete Klymene, die
Aërope gab er dem Atreus zur Frau, sie wurde die Mutter
von Agamemnon und Menelaos. Als Katreus ein alter
Mann war, wollte er sein Erbe regeln, den Orakelspruch
nahm er wohl nicht mehr so ernst. Er suchte seinen Sohn
Althaimenes in Rhodos. Der erkannte seinen Vater nicht,
hielt ihn für einen Seeräuber und warf den Speer nach
ihm. So erfüllte sich der Orakelspruch.

Übrigens: Just in den Tagen, als Menelaos nach Kreta fuhr, um an den Begräbnisfeierlichkeiten für seinen Großvater Katreus teilzunehmen, kam Paris, der Prinz von Troja, nach Lakedaimon. Er sah Helena, die Gattin des Menelaos, sie war allein, er verliebte sich in sie, raubte sie, schuf damit den Anlaß für den Trojanischen Krieg – wir sehen: Alles hängt mit allem zusammen...

Ich möchte die Geschichte von Glaukos erzählen. Er war der jüngste Sohn des Minos und der Pasiphaë.

Er wurde von Minos verwöhnt wie ein Enkel. Dem Glaukos stand als Spielplatz der ganze Palast von Knossos zur Verfügung. Jeder, der dem kleinen Prinzen begegnete, mußte strammstehen, mußte ihn grüßen wie einen König. So hatte es Minos angeordnet. Der König stand am Fenster und kicherte, wenn er sah, wie seine Minister dem Kind die Ehre gaben.

Den lieben langen Tag spielte Glaukos in diesem wunderbaren Palast, der so groß war, daß Minos vor Jahren schon den Erfinder Daidalos beauftragt hatte, ein Wegweisersystem zu entwickeln. Eines Abends aber warteten die Eltern vergeblich auf den kleinen Glaukos. Diener wurden ausgeschickt, ihn zu suchen.

Die sagten sich: »Na, vielleicht hat er sich irgendwo in einen Winkel gelegt und ist eingeschlafen.«

Und sie suchten alle Winkel des Palastes ab. Aber man fand Glaukos nicht. Der Morgen kam, und Minos und Pasiphaë waren voll Sorge.

Der König schickte nun eine kleine Truppe von Spezialisten aus. Die Männer durchkämmten systematisch den ganzen Palast. Wieder nichts. Drei Tage vergingen, drei Tage und drei Nächte der Angst und der Sorge.

Die Spezialisten sagten: »Wenn er hier im Palast wäre, dann hätten wir ihn gefunden. Wir haben in jede Ritze geschaut, wir haben unter jeden Stuhl geblickt, unter jedes Bett geguckt, in jedem Kasten haben wir herumgeschnüffelt. Nichts.«

Minos ließ alle Bewohner des Palastes und der Stadt antreten, und sie mußten schwören, daß sie den Glaukos nicht gesehen hatten. Alle schworen.

Da war Minos verzweifelt. Der Mann ist ja kein zimperlicher Charakter, es gibt viele Geschichten, die ihn als besonders rücksichtslos und unbarmherzig schildern. Aber diesen kleinen Sohn, den Glaukos, den liebte er.

Er ließ ein Orakel befragen: »Wie kann ich meinen Liebling finden?«

Das Orakel gab, wie sollte es anders sein, eine recht merkwürdige Antwort: »Wer das passende Gleichnis für eine jüngst in Kreta stattgefundene Geburt geben kann, der wird das Gesuchte finden.«

»Was ist das für ein Unsinn«, schrie Minos die Priesterin an, und er überlegte sogar, ob er das Orakel nicht in Grund und Boden brennen sollte. »Das ist ein so dummer Spruch«, fluchte er, »so ein verworrener Spruch, mit dem können wir nichts anfangen. Die Götter haben sich gegen mich verschworen.«

Er rief seinen Vater Zeus an und flehte: »Sag du mir: Wie kann ich meinen kleinen Glaukos finden?«

Zeus gab ihm zur Antwort: »Vertraue dem Orakel, das Orakel hat die Wahrheit gesagt.«

Also hat man sich in Kreta überlegt: »Was für eine Geburt hat hier jüngst stattgefunden?«

Man kam drauf, es ist nur ein Kalb geboren worden in

der Zeit, seitdem Glaukos verschwunden war. Na gut, sah man sich dieses Kalb eben an.

Es war ein ungewöhnliches Kalb. Es wechselte dreimal täglich seine Farbe, frühmorgens war es weiß, mittags und nachmittags war es rot, und abends war es schwarz. Dann wurde es am nächsten Morgen wieder weiß und so weiter.

Minos versammelte die Klügsten seines Reiches um sich, führte ihnen das Kalb vor und fragte: »Was haltet ihr von diesem Kalb? Was fällt euch dazu ein?«

Den meisten viel dazu nur ein: »Nun ja, das ist ein Kalb, das die Farbe wechselt.«

»Das ist doch kein Gleichnis«, schimpfte Minos. »Das ist die Beschreibung einer Tatsache!«

Da gab es einen Gast auf Kreta, es war der Seher Polyeidos.

Dieser Polyeidos, er war ein Sohn des Melampus, der die Holzwürmer im Gebälk bohren hören konnte, Polyeidos war berühmt, er hatte Bellerophon geholfen, den Pegasos zu zähmen.

Polyeidos stellte sich vor das Kalb hin und sagte: »Also, wenn ihr mich fragt, mir kommt dieses Kalb vor wie eine reife Maulbeere.«

Das war nun ein Vergleich, ob er passend war oder nicht, es war ein Vergleich.

Minos sagte: »Jetzt haben wir lange genug gewartet. So, mein lieber Polyeidos, du wirst meinen Sohn Glaukos finden.«

»Ich will es versuchen«, sagte Polyeidos.

»Du wirst ihn finden«, sagte Minos. »Wenn nicht, werde ich dich töten.«

Polyeidos machte sich auf den Weg durch den Palast

von Knossos. An einem der Türstöcke sah er einen Bienenschwarm, und er sah, daß dieser Bienenschwarm von einer Eule bedroht wurde, das war ihm ein Zeichen. Ich kann dieses Zeichen nicht deuten, aber Polyeidos konnte es. Er hob den Bienenschwarm ab und verscheuchte die Bienen. Die Bienen flogen davon, und der Seher folgte ihnen.

Sie führten Polyeidos in den Keller. Dort stand ein großes Faß, und dieses Faß war bis oben hin mit Honig gefüllt.

Polyeidos sagte: »In diesem Faß werdet ihr Glaukos finden.«

Der Honig wurde ausgeschüttet. Und tatsächlich, der kleine Glaukos war, als er naschen wollte, ausgerutscht und in das Honigfaß gefallen, war in dem Honigfaß ertrunken.

Polyeidos ging zu Minos und sagte: »Es tut mir leid, daß ich dir nur deinen toten Sohn bringen kann. Ich habe ihn gefunden, mehr kann ich nicht tun.«

Minos sagte: »Nein, nein, du mußt mehr tun!« Minos war außer sich. »Du wirst meinen Glaukos wieder zum Leben erwecken!«

Polyeidos sagte: »Aber das kann ich nicht! Ich kann vielleicht die Zukunft voraussehen, aber Tote zum Leben erwecken, das kann ich nicht!«

Minos drohte ihm: »Du wirst es tun müssen! Entweder du kannst es, oder du wirst selber sterben. Du wirst dich nämlich mit Glaukos in denselben Sarg legen müssen!«

Er hat den Seher Polyeidos neben seinen Sohn Glaukos ins Grab gelegt und hat ein Rohr in den Sarg geschoben, so daß Polyeidos Nachricht geben könnte, falls etwas Positives geschähe.

Polyeidos lag nun in der dunklen Enge, ein wenig Licht fiel durch das Rohr, da sah er, daß eine Schlange angekrochen kam. Er sah, wie die Schlange auf den toten Glaukos zukroch, und Polyeidos dachte: Wenn dieser Glaukos vielleicht doch noch ein Fünkchen Leben in sich haben sollte, dann will ich doch nicht, daß er jetzt von dieser Schlange getötet wird.

Er holte mit der Hand aus und schlug die Schlange tot. Da sah er, daß eine zweite Schlange angekrochen kam, und diese zweite Schlange hatte ein Kraut im Maul. Sie schlängelte sich zu ihrer toten Schwester und legte ihr das Kraut auf den Kopf.

Polyeidos sah, wie sich die tote Schlange zu bewegen begann, und da schaltete er sehr schnell. Er nahm das Kraut weg, schlug schnell beide Schlangen tot und legte das Kraut dem Glaukos auf die Lippen.

Und siehe da, es kam Bewegung in den kleinen Körper, und nun rief Polyeidos in das Rohr hinein, rief um Hilfe, sagte, man solle ihn rauslassen, Glaukos sei wieder am Leben.

Minos öffnete den Sarg, und beide, Polyeidos und der kleine Glaukos, stiegen glücklich heraus.

Polyeidos rechnete im geheimen damit, daß er von diesem reichen, unendlich reichen Minos belohnt werden würde. Aber Minos belohnte den Polyeidos nicht, ganz im Gegenteil. Er ließ ihn nicht von Kreta abfahren, er nahm ihn gefangen.

Polyeidos sagte: »Ist das der Dank?«

Minos sagte: »Mit Dank brauchst du mir nicht zu kommen. So, du wirst jetzt die Kraft der Hellseherei auf Glaukos, meinen Sohn, weitergeben. Ansonsten werde ich dich töten.«

Polyeidos unterwies den Glaukos also in der Hellseherei. Hellseherei ist nämlich erlernbar.

Am Ende sagte Polyeidos: »Nun will ich aber weg von dieser Insel, die mir nur Unglück gebracht hat.«

Minos sagte: »Jetzt kannst du abfahren.«

Kurz bevor Polyeidos das Schiff betrat, bat er, sich von Glaukos verabschieden zu dürfen. Er habe mit dem Knaben eine schreckliche Stunde zusammen in einem Sarg verbracht, sagte er, das verbindet.

Er umarmte den kleinen Glaukos, und als Glaukos den Mund aufmachte, um ihm Lebewohl zu sagen, da spuckte ihm Polyeidos in den Mund. Das hatte er von Apoll gelernt. Damit löschte er alle Erinnerungen an das, was er dem Glaukos beigebracht hatte.

Glaukos hat die Kunst des Weissagens verloren. Als dann Minos dahinterkam, schickte er dem Polyeidos eine Truppe nach, aber Polyeidos wurde nicht mehr gefunden.

Prokne und Philomele

Von einem Geschäft mit dem Schwiegervater – Von der Sehnsucht – Von der Lust auf die Schwester – Von einer Vergewaltigung – Von einer Lüge – Von einem Schleier – Von der Rache – Von einer Verwandlung

Es war einmal ein König, der hieß Tereus, und, ich sage es gleich, er war ein furchtbarer König, und er war der Sohn eines furchtbaren Gottes, nämlich des Kriegsgottes Ares. Ares ist nicht mein Freund. Ich habe immer einen großen Bogen um ihm herum gemacht, und man sollte auch um seine Brut einen großen Bogen machen.

Dieser Tereus war König von Thrakien. Er half dem König Pandeon von Athen in einem Erbkrieg, und dafür bekam er dessen Tochter Prokne. Das war ein Geschäft.

Tereus behandelte Prokne schlecht, und als sie einen Sohn von ihm bekam, liebte sie diesen Sohn nicht. Sie nannte ihn Itys.

Prokne hatte Sehnsucht nach ihrer Schwester Philomele. Von ihr wurde sie geliebt, und sie liebte sie. Prokne begann zu zerfallen, sie war eine sehr schöne Frau gewesen, und nun wurde sie verhärmt, und sie wurde häßlich.

Tereus sagte zu ihr: »Wenn du noch häßlicher wirst, dann werde ich dich töten. Ich kann mit einer häßlichen Frau nichts anfangen.«

Prokne sagte: »Wenn du es mir erlaubst, daß ich

meine Schwester Philomele besuche, dann werde ich wieder schön werden, dann kannst du mich wieder brauchen, dann mußt du mich nicht töten.«

Tereus war ein grober und grausiger Mann, ein wirklich böser Mann und auch kein besonders kluger Mann, aber so dumm war er nicht, daß er nicht genau wußte, wenn er seine Frau erst gehen ließ, dann würde sie nie wieder zu ihm zurückkommen.

Weil er ohnehin in dieser Gegend zu tun hatte, sagte er: »Paß auf, Prokne, ich werde dir deine Schwester Philomele mitbringen. Sie soll bei uns ein paar Wochen bleiben, und dann hoffe ich, daß es dir wieder besser geht.«

Prokne freute sich auf ihre Schwester.

Dieser grobe Klotz Tereus besuchte also König Pandeon in Athen, machte mit ihm seine schmutzigen Geschäfte, und bei dieser Gelegenheit sah er Philomele, und er wurde ganz verrückt nach diesem Mädchen.

Er sagte zu Pandeon: »Ich möchte deine Tochter Philomele mitnehmen zu ihrer Schwester, weil die mir sonst zerfällt und sie mir dann nicht mehr gefällt und ich sie töten muß.«

Dem Pandeon war das egal, er sagte: »Nimm sie mit. Wenn du für sie sorgst, soll es mir recht sein.«

Tereus schleppte nun Philomele mit sich, aber unterwegs in einem Wald nahm er einen anderen Weg. Er zerrte Philomele zu einem einsamen Turm, und dort vergewaltigte er sie. Damit sie nicht schreien konnte, schnitt er ihr die Zunge aus dem Mund.

Er sperrte sie in diesen Turm ein, stellte einen dummen Diener als Wache auf, der sollte ihr zu essen und zu trinken geben.

Dann fuhr er nach Hause, und Prokne wartete schon,

voll Sehnsucht nach ihrer Schwester wartete sie, und Tereus kam allein.

»Tut mir leid, Prokne. Ich habe getan, was ich dir versprochen habe, aber dann im Wald wollte deine Schwester unbedingt Blumen pflücken. Ich war ja dagegen, ich habe zu ihr gesagt, das ist ein wilder Wald, ein gefährlicher Wald. Aber sie wollte ja unbedingt. Da habe ich gesagt: Also gut, dann tu, was du nicht lassen kannst. Sie wollte Blumen pflücken, und sie hat Blumen gepflückt. Da kam ein wildes Tier und hat sie umgebracht. Hier«, sagte er und zeigte das Halstuch der Philomele, es war voll Blut, Blut von ihrer Zunge, »das ist noch übriggeblieben von ihr. Mach mir keine Vorwürfe, ich kann nichts dafür.«

Prokne war erschüttert, und sie weinte, weil sie sich dachte, nun hat sie das einzige verloren, was sie wirklich liebte.

Ihre Schwester Philomele war eingesperrt in diesen finsteren Turm im Wald, sie konnte nicht schreien, sie konnte nicht rufen, denn sie hatte keine Zunge mehr, sie konnte nicht mehr sprechen. Was tat sie? Sie trennte ihr Gewand auf und webte es neu zusammen, webte einen langen Schleier daraus. In diesen Schleier webte sie ihre ganze Geschichte hinein, aber so verschlüsselt, daß nur ihre Schwester sie lesen konnte. Fragen Sie mich nicht, wie sie das gemacht hat, es bestand wohl eine sehr innige Beziehung zwischen Philomele und Prokne.

Da war dieser dumme Diener, der Philomele mit Essen versorgte, dem übergab sie den Schleier. Mit Gesten beauftragte sie ihn, den Schleier der Frau des Tereus zu bringen. Das tat der Diener.

Als Prokne den Schleier sah, erkannte sie alles und

konnte alles lesen, diese traurige Geschichte, diese entsetzliche Geschichte ihrer Schwester.

Es war die Zeit, als die Bacchantinnen ihre Feier zu Ehren des Gottes Dionysos abhielten. Prokne verkleidete sich als eine Bacchantin und schlich sich in der Nacht in den Wald zu dem Turm und befreite ihre Schwester.

Prokne und Philomele umarmten sich, und sie schworen Rache. Sie kehrten zurück zu dem Fest. Prokne holte ihren kleinen Sohn Itys aus dem Bettchen. Sie liebte diesen Sohn nicht, weil er der Sohn des Tereus war.

Gemeinsam schnitten Prokne und Philomele dem Kind die Kehle durch und zerhackten seinen Körper. Sie brieten das Fleisch und machten eine Speise daraus. Diese Speise setzten sie dem Tereus vor. Als er gegessen hatte, warf Philomele, die Stumme, dem Tereus das Haupt seines Sohnes zu.

Tereus, im rasenden Zorn, im rasenden Schmerz, verfolgte die beiden Frauen, und gerade als er sie beinahe erwischte, verwandelten sie sich. Prokne verwandelte sich in eine Nachtigall, und Philomele, die ja keine Zunge hatte, die nicht singen konnte, verwandelte sich in eine Schwalbe.

Als Schwalbe und als Nachtigall flogen die beiden Schwestern davon.

Gyges

Von einem roten Ring – Von einem neugierigen
König – Von einem Kampf – Von einem Gespräch
mit einem Finger

Die Neugierde ist die Meisterin des Erzählens. All jene, die das Erzählen nicht lieben, die lieben auch die Neugierde nicht. Ich liebe die Neugierde.

Hier nun die Geschichte von dem Hirten Gyges, der ein besonders neugieriger Hirte war, der überall seine Nase hineinsteckte und sie dann von einem Fuchs abgebissen bekam. Ohne Nase steckte er seine Stirn überall hinein, so eines Tages in einen Erdspalt. Dort fand er ein riesiges Pferd, ein Pferd aus Bronze. Er blickte in das Maul dieses Pferdes und sah einen Leichnam, der im Inneren des Pferdes war.

Dieser Leichnam hatte einen Ring am Finger, und der Ring war besetzt mit einem rubinroten Stein. Gyges zog den Ring von dem toten Finger, und das war dann seine Beute.

Am Abend saß Gyges mit den anderen Hirten am Lagerfeuer. Während seine Arbeitskollegen interessante Geschichten erzählten und er, der Neugierige, den Geschichten zuhörte, drehte er versonnen an diesem Ring. Da stellte er fest, wenn er den Ring einmal umdrehte, das machte, daß er unsichtbar wurde.

»Wo ist denn der Gyges«, hörte er die anderen sagen.

»Der ist sein Wasser abschlagen gegangen«, sagten sie.

Und nun begannen sie, über ihn zu reden, während er doch unsichtbar mitten unter ihnen saß.

Das ist eine perfekte Maschine der Neugierde: sich unter die Menschen zu mischen, einen Ring am Finger zu haben, ihn umzudrehen und dann zuzuhören, was die Leute so alles über einen reden.

Eines Tages kam Gyges zu einem König. Er erzählte dem König von seinem Ring.

Der König sagte: »Gut, gehe in das Gemach meiner Frau, drehe den Ring um und belausche und beobachte sie, was sie tut. Das erzählst du mir dann.«

Das tat Gyges. Aber als er die Königin sah, kam er sich ganz schäbig vor. Sie gefiel ihm, er verliebte sich in sie, und er sagte sich: Das ist nicht in Ordnung, was ich hier tue.

Er drehte den Ring noch einmal um und stand nun leibhaftig vor dieser Frau und gestand ihr alles.

Sie war wütend auf ihren Mann und sagte zu Gyges: »So! Entweder wirst du meinen Mann zum Kampf herausfordern, oder aber ich werde schreien, werde sagen, du wolltest mir etwas antun.«

So kam es zu einem Kampf zwischen dem neugierigen Gyges und dem König. Diesen Kampf gewann der neugierige Gyges, und das deswegen, weil er während des Kampfes immer an seinem Ring drehte.

Als der Kampf zu Ende und der König tot war, ging Gyges zu der Königin und sagte: »Der König ist tot. Nun will ich dich zur Frau haben und selbst König werden.«

Aber die Königin rief: »Ich will doch niemals einen Hirten zum Mann haben. Ich wollte doch nicht, daß du meinen Mann tötest, ich wollte, daß du ihn bestrafst.

Warum müßt ihr immer gleich töten! Verschwinde! Du hast nur Unglück gebracht mit deinem Ring!«

Nun begann Gyges seinen Ring zu hassen. Er wollte den Ring vom Finger ziehen, aber es gelang ihm nicht.

Da sagte er zu dem Finger: »So, dann werde ich dich eben abschneiden müssen.«

Er schnitt den Finger ab. Und der Finger rächte sich. Er drehte sich und drehte den Ring noch einmal, und Gyges, der Neugierige, wurde unsichtbar. Er war nun ohne Finger und ohne Nase, und er war unsichtbar. Was war dieser Gyges eigentlich noch?

Krieg um Theben

Das Erbe

Der thebanische Sagenkreis beschäftigt uns immer wieder, ähnlich wie der trojanische Sagenkreis.

Kurz zur Erinnerung: König Ödipus heiratet seine Mutter Iokaste, er weiß nicht, daß sie seine Mutter ist, er hat mit ihr vier Kinder, die Töchter Antigone und Ismene, die Söhne Eteokles und Polyneikes. Als Ödipus Schritt für Schritt die Wahrheit über sein eigenes Schicksal erfährt – daß er es war, der seinen Vater Laios getötet hat, daß seine Frau Iokaste in Wahrheit seine Mutter ist –, da sticht er sich die Augen aus, er will sich bestrafen, und er verbannt sich selbst aus seiner Stadt.

Nun, wer wird sein Nachfolger? Wer wird König von Theben? Die beiden Söhne Eteokles und Polyneikes, die sich schon bisher nicht sehr freundlich gegenüberstanden, begegnen sich nun in offener Feindseligkeit.

Kreon, der Bruder der Iokaste, also der Onkel von Eteokles und Polyneikes, übernimmt vorübergehend die Regentschaft. Kreon ist eine widersprüchliche Gestalt. Den einen gilt er als besonnen, ihm sei nur am Wohl der Stadt gelegen, sagen sie. Die anderen halten ihn für einen

Intriganten, einen Feigling obendrein, der sich scheut, offen seine Interessen zu verfolgen.

Die Bürgerschaft von Theben ist gespalten, die einen wollen den weichherzigen Eteokles als ihren König, die anderen den stählernen Polyneikes. Theben droht im Chaos zu versinken.

Da macht Kreon einen Vorschlag, er sagt: »Wollen wir doch die Herrschaft teilen. Im einen Jahr bist du der König, Eteokles, im nächsten Jahr soll es dein Bruder Polyneikes sein.« Und weiter schlägt er vor: »Beginnen soll Polyneikes.«

Aber einer traut dem anderen nicht.

»Warum Polyneikes?« fragt Eteokles.

»Weil er der ältere ist«, gibt Kreon zur Antwort.

Einer traut dem anderen nicht, und Polyneikes traut Kreon nicht. Warum gibt er mir den Vortritt, denkt er. Der zweite wird im Vorteil sein, denkt er, der zweite kann mit den Fehlern des ersten Propaganda für sich machen.

»Nein«, sagt Polyneikes, »ich verzichte. Eteokles soll beginnen.«

»Mir soll's recht sein«, sagt Kreon.

Gerüchte sind im Umlauf: Wer den Segen des verbannten Ödipus hat, der wird die Macht in Theben behalten. Heimlich machen sich Eteokles und Polyneikes auf nach Kolonos, wo Ödipus in selbstauferlegter Armut lebt.

Aber auch Kreon will den Segen des Ödipus. Die Gutmeinenden sagen: Er wollte es im Interesse der Stadt, im Interesse der Allgemeinheit, er sah ja, was aus Theben werden wird, wenn Eteokles und Polyneikes herrschen, einer wie der andere. Kreon weiß, Ödipus wird nicht freiwillig die Hand über sein Haupt halten, die beiden konnten sich nie leiden. Er zieht mit einer Gruppe Soldaten nach Kolonos. Die Gutmeinenden sagen: Manchmal muß man Gewalt anwenden, um der Allgemeinheit zu dienen.

Ödipus weigerte sich, seinen Segen zu geben.

»Ich will nichts mit euch zu tun haben«, sagte er zu seinen Söhnen. »Laßt mich in Frieden, alles, was ich tue, und wenn es mit den besten Absichten geschieht, verkehrt sich ins Gegenteil, wird zum Fluch.«

Da zogen die Söhne ab. Aber in der Nacht kamen sie wieder. Und diesmal kamen sie nicht gemeinsam, sie schlichen sich einzeln zu ihrem Vater.

Als erster kommt Eteokles.

»Nicht dem Polyneikes gib deinen Segen, Vater«, sagt er. »Polyneikes ist hart und ohne Maß.«

Ödipus sieht den Haß in seinen Augen, er sagt: »Hättest du darum gebeten, daß ich dich segne, vielleicht hätte ich es getan. Aber so bist du gekommen, um mich zu bitten, deinem Bruder den Segen zu verwehren. Ich verfluche dich!«

Eteokles verläßt seinen Vater – und schon kommt Polyneikes angeschlichen.

Er sagt: »Nicht dem Eteokles gib deinen Segen, Vater. Eteokles ist weich und ohne Charakter.«

Und Ödipus gibt dem Polyneikes die gleiche Antwort, die er dem Eteokles gegeben hat. Und verflucht auch ihn.

Er verflucht seine beiden Söhne: »Ihr beide, ihr müßt euch einigen, oder ihr werdet beide umkommen, jeder durch die Hand des anderen!«

Kreon will zuletzt den Ödipus mit Waffengewalt zwingen, ihm seine Hand aufs Haupt zu legen. Aber da kommt Theseus dem alten, blinden König zu Hilfe. Er

vertreibt Kreon und seine Soldaten und nimmt Ödipus
mit nach Athen, gewährt ihm Exil.

Diese Großzügigkeit hat einen durchaus praktischen
Grund. Theseus hat sich ein Orakel erstellen lassen, das
besagte: »Jene Stadt, in deren Mauern König Ödipus
stirbt, die wird groß werden und groß bleiben.«

Der Staatsmann Theseus fand diesen Orakelspruch
bemerkenswert.

Ödipus starb in Athen, und die Stadt wurde groß, und
sie blieb groß.

So kehrten Eteokles und Polyneikes von Kolonos
zurück und stimmten dem Vorschlag des Kreon zu. Sie
gaben sich die Hand und versprachen einander, die Herrschaft in Theben zu teilen.

»Der Fluch des Vaters wird uns nichts anhaben«, sagten sie.

Eteokles sollte beginnen.

Eteokles war sicher der Dümmere von beiden, er war
weich, verweichlicht, formbar, leicht zu beeinflussen,
ohne Disziplin. Und das kam dem Kreon entgegen. Sagten die, die ihm mißtrauten. Einfluß will er ausüben auf
Eteokles, sagten sie. Die anderen sagten: Politik ist ein
realistisches Geschäft, das Allgemeinwohl benötigt Strategie und Taktik.

Polyneikes, ein strenger, selten lachender, zum Fanatismus neigender junger Mann, beobachtete sehr genau,
was in diesem ersten Jahr geschah. Er machte sich Noti-
zen, er notierte sich jeden Fehler, den Eteokles beging. Er
setzte auf Propaganda, spielte geschickt die Opposition,
berief Bürgerversammlungen ein und verkündete: »Unter meiner Herrschaft wird alles anders werden, besser
werden, schöner werden.«

Als das erste Jahr um war, ließ Kreon den Polyneikes festnehmen.

Er sagte: »Es tut mir leid, wir haben zwar etwas anderes vereinbart, aber du, Polyneikes, du wirst nicht der nächste König sein. Du liebst Theben nicht. Ich muß die Stadt vor dir schützen.«

Polyneikes gelingt die Flucht. Er ist betrogen worden. Nun läßt er seinem Haß freien Lauf.

Er flieht aus Theben und findet Unterschlupf in Argos. Polyneikes, dieser schlanke, gerade gewachsene, dieser zum Fanatismus neigende Mann, tritt vor Adrastos hin, den König von Argos, er kennt den Mann gar nicht, aber ohne Umschweife mit dem Selbstbewußtsein dessen, der immer recht hat, bittet er ihn, er möge ihm helfen, sein Recht zurückzuerobern, er möge mit ihm gemeinsam um die Macht in Theben kämpfen.

Er erzählt Adrastos, was vorgefallen ist.

Er sagt: »Die Vereinbarung gilt nun für mich auch nicht mehr. Ich werde, wenn ich die Macht errungen habe, meinen Bruder und meinen Onkel aus der Stadt jagen.«

König Adrastos ist beeindruckt und verspricht, Polyneikes zu helfen. Sie beraten sich und beschließen, ein Heer aufzustellen.

»Theben ist stark«, sagt Polyneikes. »Die Stadt ist von starken Mauern umgeben. Wir werden die besten Männer benötigen, um die Stadt einzunehmen.«

»Es kann ein langer Krieg werden«, sagt Adrastos.

»Dann soll es eben ein langer Krieg werden«, sagt Polyneikes.

»Der Krieg kann deine Stadt zerstören«, sagt Adrastos.

»Dann soll er sie zerstören«, sagt Polyneikes.

Nein, Polyneikes liebte Theben nicht.

Nun begann die Suche nach Anführern, nach Offizieren. Sieben werden es am Schluß sein. Ihr Feldzug wird in die Mythologie eingehen als die Geschichte der »Sieben gegen Theben«.

Ihre Geschichte war Vorbild für viele Filme, für Wildwestfilme ebenso wie für den wunderbaren Film von Kurosawa »Die sieben Samurai«.

Polyneikes

Führen wir uns diesen Polyneikes vor Augen: Sein Name heißt soviel wie: der viel streitet. Das meint: der, der immer Recht haben will. Das ist Polyneikes.

Die Tragödie seines Vaters Ödipus, der ja auch sein Halbbruder war, die Tragödie seiner Mutter Iokaste, die ja auch seine Großmutter war – haben diese Schicksale den jungen Polyneikes überhaupt berührt? Nichts deutet darauf hin. Er war besessen von einem Gedanken: Ich will König in Theben sein. Ob er sich seinerseits an die Abmachung mit Eteokles gehalten hätte? Ob er nach einem Jahr die Macht an seinen Bruder abgegeben hätte? Spekulation.

Ich denke, nein, auch Polyneikes hätte sich nicht an die Abmachung gehalten. Eteokles hat sein Wort gebrochen, weil ihn Kreon dazu angestiftet hat. Polyneikes – Spekulation – hätte sein Wort gebrochen, weil er davon überzeugt war, daß er der Bessere von beiden ist, daß ihm, und zwar ihm allein, der Thron von Theben gebührt.

Was auch immer seine geheimen Pläne gewesen waren, er war von seinem Bruder und seinem Onkel überrumpelt und in den Kerker geworfen worden, er war entkleidet worden, war nackt. So entfloh er der Wachmannschaft, lief durch die Halle des Palastes und riß ein Löwenfell von der Wand, das legte er sich über.

Mit diesem Löwenfell bekleidet war er an den Hof von Argos gekommen und vor König Adrastos hingetreten.

Adrastos und Amphiaraos

Dieser König Adrastos, er ist der zweite der sieben, schauen wir uns ihn näher an: Ihn als weichherzig zu bezeichnen wäre sicher nicht richtig. Er war unsicher in seinem Urteil, das schon, einem geschickten Händler konnte es nicht allzu schwerfallen, ihn zu manipulieren. Er war jemand, der sich gerne an ein Vorbild anlehnte. Er war einer der Argonauten gewesen, hatte bei ihren Abenteuern allerdings eine eher untergeordnete Rolle gespielt. Ja, er blickte gerne nach oben, blickte gern zu jemandem auf.

Von Jugend an unterhielt Adrastos eine vom psychologischen Standpunkt aus bemerkenswerte Konkurrenzfreundschaft, eine Haßliebe zu einem gewissen Amphiaraos. Mit Amphiaraos wuchs er gemeinsam auf, er war ein Nachbarskind, ein Freund, gesellschaftlich unter ihm stehend, geistig über ihm.

Amphiaraos hatte hellseherische Fähigkeiten, das machte ihn außerdem überlegen. Den ganzen Tag waren die beiden zusammen, und Amphiaraos hatte seine

Freude daran, seinen Freund Adrastos zu demütigen, ihm bei jeder Gelegenheit seine Überlegenheit vor Augen zu führen. Und Adrastos ließ sich das nicht nur gefallen, wie es scheint, genoß er es sogar, von Amphiaraos herabgesetzt zu werden.

Eines Tages sagte Amphiaraos zu Adrastos – da waren die beiden vielleicht sechzehn Jahre alt –: »Adrastos, ich sehe in deinen Augen meine Zukunft. Ich sehe auch deine Zukunft in deinen Augen, aber die ist nicht so interessant wie meine Zukunft.«

»Und wie sieht deine Zukunft aus?« fragte Adrastos.

»Ich werde eines Tages alles besitzen, was dir gehört«, sagte Amphiaraos.

Adrastos war der reiche Königssohn, Amphiaraos war das Kind mittelständischer Bürger.

Adrastos sagte: »Wie soll das vor sich gehen? Was redest du da! Deine Eltern besitzen nichts. Wenn sie sterben, wirst auch du nichts besitzen. Ich habe reiche Eltern. Wenn sie sterben, werde auch ich reich sein.«

»Ich werde dir dein Erbe wegnehmen«, sagte Amphiaraos. »Das sehe ich in deinen Augen.«

Ob er es wirklich sah, weiß ich nicht, vielleicht wollte er auch nur Adrastos demütigen. Aber Adrastos vergaß nicht, was Amphiaraos gesagt hatte. Nun war der Freund zu weit gegangen, entschied er. Er war auf der Hut. Daraus entstand Abneigung, daraus Feindschaft. Sie sprachen bald nicht mehr miteinander.

Und dann tötete Amphiaraos eines Tages ohne jeden Grund den Vater des Adrastos und riß die Herrschaft in Argos an sich.

»Ich habe recht gehabt«, sagte er zu Adrastos, »ich habe dir alles weggenommen!«

Nun war nur noch Haß zwischen Amphiaraos und Adrastos.

»Was hast du nun vor?« fragte Amphiaraos.

»Wenn du schon ein Hellseher bist, wie du behauptest, dann wirst du ja wissen, was ich vorhabe«, sagte Adrastos.

»Du willst mich töten?«

»Ja.«

»Ja«, sagte Amphiaraos, »ich sehe in deinen Augen, du wirst meinen Untergang herbeiführen.«

Und dann: Ebenso plötzlich und ohne jede Ankündigung, wie er die Macht an sich gerissen hatte, gab Amphiaraos die Macht an Adrastos zurück.

Wie ist das zu erklären? Wir können es nicht erklären. Amphiaraos ist einer der unberechenbarsten Charaktere in unserer Mythologie.

Er ging mit ausgebreiteten Armen auf Adrastos zu und sagte: »Das war Krieg zwischen uns. Lassen wir den Krieg bleiben, begraben wir den Haß. Du bekommst dein Reich zurück.«

Adrastos war verwirrt, er kannte sich nicht mehr aus. Was war dieser Amphiaraos doch für ein verquerer Mensch! War er verrückt? Was hatte er vor? War der Verzicht auf die Macht lediglich ein strategischer Rückzug? Ein Täuschungsmanöver? Holte er zum endgültigen Schlag aus? Adrastos war verwirrt.

»Was hat das zu bedeuten?« fragte er.

Aber Amphiaraos umarmte ihn nur.

»Nimm meine Hand an«, sagte er.

Dieser Amphiaraos faszinierte ihn, faszinierte Adrastos noch mehr als früher. Schließlich kapitulierte er vor seiner eigenen Faszination. Er nahm die Hand des Amphiaraos an. Und er verzieh ihm gleich auch, daß er seinen Vater getötet hatte.

Er sagte: »Wie wollen wir unsern Frieden besiegeln?«

»Gib mir deine Schwester Eriphyle zur Frau«, sagte Amphiaraos.

Eriphyle wurde nicht gefragt.

»Stellst du sonst keine Bedingungen für den Frieden?« fragte Adrastos.

»Nein«, sagte Amphiaraos, »ich will bedingungslosen Frieden.«

Adrastos kannte sich nicht mehr aus, nein, wirklich nicht. Das Verhalten des Amphiaraos widersprach eklatant allem Gewohnten.

»Aber ich«, sagte er schließlich, »ich stelle eine Bedingung. In alle Zukunft soll meine Schwester Eriphyle, die deine Frau werden wird, jeden Streit zwischen uns beiden schlichten. Ihr Wort gilt. Ich will, daß wir beide uns gegenseitig versprechen, daß wir uns ihrer Entscheidung beugen.«

Das versprachen sie sich. Das schworen sie sich.

Eine eigenartige Geschichte. War Amphiaraos' Verhalten vielleicht wirklich nur eine besonders raffinierte List? Dafür läßt sich kein Indiz finden. Dieser Schwur brachte nur Nachteile für ihn. Ich glaube, Amphiaraos war nicht weniger Opfer seiner eigenen Unberechenbarkeit als Adrastos.

Soweit also zur Geschichte von Adrastos und Amphiaraos.

Als nun Adrastos und Polyneikes sich anschickten, starke Männer für den Krieg gegen Theben um sich zu versammeln, wandte sich Adrastos zuerst an Amphiaraos.

»Willst du mitziehen gegen Theben? Willst du einer von denen sein, die dem Polyneikes zu seinem Recht verhelfen?«

Erst sagte Amphiaraos ja, dann sagte er nein, dann sagte er wieder ja, dann sagte er vielleicht, dann sagte er, wahrscheinlich will ich doch nicht, dann sagte er, wahrscheinlich will ich doch...

Da packte ihn Polyneikes am Hals: »Ja oder nein!«

Da sagte Amphiaraos: »Ja.«

Nun waren sie also schon zu dritt: Adrastos, Polyneikes, Amphiaraos.

Tydeus

Zur dieser Zeit kam auch ein anderer Flüchtling an den Hof von Adrastos, auch er fragte, ob ihm Exil gewährt werde.

Er stellte sich vor: »Tydeus ist mein Name.«

Ein sehr finsterer Geselle war das. Ein schmutziges Eberfell hing über seinen Schultern. Das nahm er nicht herunter. Daran wischte er sich die Finger ab. Das roch unangenehm. Alle rückten von ihm ab. Immer hatte dieser Tydeus die Stirn gerunzelt. Nie ein Lächeln. Nie ein Dankeschön, wenn er vom Tisch aufstand. Nie ein Bitte, wenn er noch Wein wollte.

Aber als ihn Adrastos fragte, ob er mit in den Krieg ziehen wolle, da sagte er: »Ja.«

Und da hatte er Polyneikes noch gar nicht zu Gesicht bekommen.

Erzählen wir die Geschichte dieses Finsterlings:

Tydeus ist der Sohn des Königs Oineus von Kalydon. Er ist ein Sohn aus zweiter Ehe, und er ist ein ungeliebter Sohn. König Oineus war in erster Ehe mit Althaia verheiratet, das war eine wunderbare Frau gewesen, eine derbe Frau, eine männerfrohe Frau, die sehr viel lachte, die nichts lieber mochte als die Liebe, und mit dieser Frau hatte der König Oineus einige Söhne und sehr viel Spaß, er war ebenfalls ein derber Mann.

Eines Tages kam der Gott Dionysos nach Kalydon, und er kam mit Gaben.

»Nein, Oineus«, sagte der Gott, »nicht du sollst mich bewirten, ich will dir zu essen und zu trinken geben. Ich will dein Diener sein.«

Er gab dem Oineus zu essen und zu trinken.

»Was gibst du mir da zu trinken«, fragte Oineus. »So etwas habe ich noch nie getrunken. Es ist rot und schmeckt gut.«

»Das Getränk ist neu«, sagte Dionysos. »Ich habe es erfunden. Es hat noch keinen Namen.«

Und Oineus ließ sich noch einmal einschenken, und er fühlte sich wunderbar. Alle Sorgen entschwebten seiner Seele, jeder Muskel seines Körpers entspannte sich.

»Das ist aber eine wunderbare Erfindung«, sagte er.

»Dann trink weiter!« sagte Dionysos. »Trink, soviel du willst!«

»Und was soll ich dir dafür geben?« fragte Oineus den Gott.

»Oh«, sagte Dionysos, »das überlasse ich dir. Wenn du mir nichts geben willst, dann gibst du mir eben nichts. Aber wenn du mir etwas geben willst, dann gibst du mir eben etwas.«

Oineus war von der Großzügigkeit des Gottes beeindruckt, und er sagte: »Dionysos, wenn du willst, dann überlasse ich dir meine Frau Althaia für eine Nacht.«

Nichts anderes hatte Dionysos gewollt.

Dionysos hatte eine überaus befriedigende Liebesnacht mit Althaia.

Am nächsten Morgen sagte er zu Oineus: »Oineus, weil deine Frau so liebevoll zu mir war, will ich mein Getränk nach dir benennen.«

Oinos ist der Wein. Dionysos hat ihn nach Oineus benannt.

Althaia war schwanger von Dionysos. Sie brachte ein Mädchen zur Welt und nannte es Deianeira. Diese Deianeira wurde später die Gattin des Herakles...

Eines Tages gab es Streit zwischen Althaia und Oineus, und er tötete sie aus Versehen. So lautet die eine Version. Andere behaupten, sie habe sich aus Zorn das Leben genommen. Wie auch immer, Oineus war außer sich vor Trauer, aber irgendwann hatte er genug getrauert, und er nahm sich eine zweite Frau, Periboia.

Oineus mochte diese Periboia nicht, von Anfang an schlug er sie, er wollte sie nicht sehen. Sie gebar ihm den Tydeus.

Tydeus, den liebte er auch nicht, den ließ er die mindesten Arbeiten tun, und als er noch klein war, als er ein Bub war, schlug er ihn. Er schlug ihn so lange, bis Tydeus zurückschlug.

Dann mußte Tydeus den Hof des Oineus verlassen. Niemand wußte genau warum. Es gab Gerüchte. Er habe, hieß es, seine Halbbrüder getötet, die Söhne der Althaia.

Jedenfalls suchte er Zuflucht bei König Adrastos auf Argos.

»Wenn du mir gegen meinen Vater Oineus hilfst, dann werde ich euch gegen Theben helfen«, sagte Tydeus zu Adrastos.

Und Adrastos, der zu niemandem nein sagen konnte, der es allen recht machen wollte, sagte: »Jawohl, das werde ich tun.«

Löwe und Eber

Nun waren sie also bereits zu viert: Polyneikes, Adrastos, Amphiaraos, Tydeus.

Polyneikes und Tydeus aber konnten sich nicht leiden. Sie hatten einander versprochen, sich gegenseitig zu helfen, aber leiden konnten sie sich nicht. Das ist keine gute Voraussetzung für eine Allianz.

Da erinnerte sich Adrastos, daß er, als seine beiden Töchter noch kleine Kinder waren, nach Delphi gegangen war und daß die Pythia gesagt hatte: »Gib du deine beiden Töchter einem Löwen und einem Eber.«

An diesen Spruch erinnerte er sich, als er Polyneikes und Tydeus unten im Hof stehen sah, beide in aggressiver Haltung, beide bereit, aufeinander loszugehen – Polyneikes mit dem Löwenfell über den Schultern, Tydeus mit dem Eberfell.

Da dachte Adrastos, der Beschwichtiger: Ich kann es vielleicht einrichten, daß sie sich aus dem Weg gehen und womöglich sogar einander respektieren. Wenn ich ihnen meine Töchter gebe.

Das tat er, und sie gingen einander nun aus dem Weg,

dieser Tydeus und dieser Polyneikes, und sie rempelten sich nicht mehr an.

Manchmal, ich muß es sagen, manchmal widern sie mich an, diese Helden, wenn sie mit ihren Frauen und Töchtern handeln, als wären Frauen und Töchter Kleingeld!

Schiedsspruch der Eriphyle

Männer machen Krieg, der Krieg ist ihnen heilig, der Krieg gegen den Bruder, der Krieg gegen den Vater – da pfuschte ihnen Amphiaraos ins Werk, dieser Verrückte, der Undurchsichtige, Unberechenbare, der Hellseher.

Amphiaraos hatte nämlich in sich selbst hineingeschaut, in seine eigene Zukunft hat er geblickt, und er hat gesehen, daß er einen Krieg gegen Theben nicht überleben wird.

Er sagte zu Polyneikes: »Ich habe es mir doch anders überlegt, ich werde nicht mit euch ziehen!«

Und er verkündete laut im Umkreis: »Ein Feldzug gegen Theben wird ein Desaster werden! Diesen Krieg werden wir verlieren!«

Das war kein guter Werbeslogan für den Krieg.

Polyneikes geriet in Wut, aber er war klug genug und wußte, es würde seiner Sache nicht dienen, wenn er diesen widerborstigen Amphiaraos einfach erschlüge. Er griff zu einer List.

Er wandte sich an Eriphyle. Eriphyle, die Schwester des Adrastos, die Frau des Amphiaraos, sie war ja das Pfand für den Frieden zwischen den beiden, ihrem

Schiedsspruch, so haben sich Adrastos und Amphiaraos geschworen, wollten sie sich beugen.

Eriphyle mochte ihren Mann nicht, sie haßte ihn. Welche Frau mag einen Mann, dem sie einfach zugeteilt wird.

Polyneikes ging also zu Eriphyle und sagte: »Stimme du für meinen Krieg, stimme du gegen deinen Mann Amphiaraos, dann wird er tun, was du sagst.«

Sie fragte: »Was bekomme ich dafür?«

Polyneikes sagte: »Siehst du, das dachte ich mir doch. Hör zu! Ich stamme von einem großen Geschlecht ab. Mein Ahne war Kadmos, der die Stadt Theben gegründet hat, seine Frau war Harmonia, die Tochter des Ares und der Aphrodite. Und weißt du, was ich hier in der Hand halte? Ich halte das Halsband der Harmonia in der Hand. Erstens ist es wunderschön, es ist sehr kostbar. Vor allem aber verleiht es derjenigen, die es trägt, nicht ewige, nein, aber lange, lange Jugendfrische und Schönheit. Das Halsband der Harmonia gebe ich dir, wenn du deinem Mann Amphiaraos befiehlst, daß er in meinen Krieg zieht.«

Eriphyle war einverstanden. Sie sprach das Urteil und sagte: »Es muß in diesen Krieg gezogen werden!«

Amphiaraos beugte sich dem Spruch der Eriphyle.

Parthenopaios

Da gab es einen Helden, der hieß Parthenopaios, der kam eines Tages des Weges. Er war ein Stiller, der nicht mit sich reden ließ, der einem nicht in die Augen sah, der außerhalb des Hofes lagerte und der einen kräftigen, kämpferischen Eindruck machte.

Adrastos schlug vor: »Fragen wir ihn doch, ob er etwas Besseres zu tun hat.«

Man fragte ihn: »Ziehst du mit uns in den Krieg?«

Wer war dieser Parthenopaios? Eine sonderbare Geschichte wird über ihn erzählt. Seine Mutter war die berühmte Atalante.

Ja, Atalante war eine berühmte, eine fabelhafte Jägerin. Als junges Mädchen weihte sie ihr Leben der Artemis. Sie wollte durch die Wälder streifen, jagen, und sie wollte Jungfrau bleiben. Dabei war sie sehr begehrt, denn sie war schön, hatte blitzende Augen. Sie war stark, und sie verachtete die Männer, sie machte sich einen Spaß mit den Männern.

Sie sagte, aber sie meinte es nicht ernst: »Na ja, das heißt ja nicht, daß ich nicht doch heiraten werde, wenn ich den richtigen Mann finde.«

Sie war sich sicher, diesen richtigen Mann, den gibt es nicht.

Sie stellte die Bedingungen, sie sagte: »Wer mich haben will, der muß in einem Wettlauf gegen mich antreten. Aber ich bin großzügig«, fügte sie lachend hinzu, »ich werde in meiner Rüstung laufen, während mein Konkurrent nackt laufen darf.«

Es war eine Demütigung für einen Mann, gegen eine in Eisen gerüstete, mit Bronze und Silber geschmückte Frau nackt antreten zu müssen. Als Demütigung aber war dieser Wettkampf ja gedacht. Atalante war so sehr von ihrer Laufkunst überzeugt, daß sie ihren Konkurrenten obendrein einen Vorsprung gab.

Sie besiegte sie alle und tötete sie alle. Für die Jüngerinnen der Artemis war das ein Spaß.

»Was ist«, spottete Atalante, »was ist los mit euch Männern? Nun bin ich schon so lange Jungfrau. Ist denn keiner da, der mich endlich von meiner Jungfräulichkeit erlöst?«

Aphrodite blickte vom Olymp herab.

Sie sagte: »Ich mag das nicht. Sie spottet über die Liebe. Das kann ich nicht dulden.«

Da gab es einen jungen Mann, der hieß Meilanion, der betete zu Aphrodite, sie möge ihm helfen in einem Wettstreit gegen Atalante. Dieser Meilanion kam Aphrodite gerade recht. Sie gab ihm drei goldene Äpfel und riet ihm, während des Laufes die Äpfel fallenzulassen, einen nach dem anderen, so daß Atalante darüber stolperte.

Aber Atalante stolperte nicht darüber. Sie bückte sich und hob die Äpfel auf. Sie verliebte sich in Meilanion, dafür sorgte Aphrodite, und Meilanion gewann den Wettlauf.

Ach, wie unberechenbar sind doch die Götter! Erst hilft Aphrodite diesem jungen Mann, und dann sieht sie es nicht gern, wenn sich Meilanion und Atalante ausgerechnet ihren Tempel aussuchen, um sich dort zu lieben.

Aphrodite sah es nicht gern, sie deutete es als eine Respektlosigkeit, eine Verletzung ihrer Göttlichkeit, wenn sich Menschen in ihrem Tempel umarmten. Sie verwandelte die beiden in Löwen. Das ist nun wirklich eine kuriose Sache, Aphrodite war nämlich der Meinung, Löwe und Löwin könnten sich nicht paaren, sie glaubte, Löwen könnten es nur mit Leoparden tun. Ha, dachte sie, ich laß' sie in meinem Tempel zusammen sein, aber ich vermiese ihnen ihre Absichten. Da machte die Natur der Göttin einen Strich durch die Rechnung. Löwen können nämlich mit Löwinnen...

Die Frucht dieser tierischen Paarung war Parthenopaios. Sein Name bedeutet: der nach einer langen Jungfräulichkeit Geborene.

Und Adrastos fragte ihn: »Ziehst du mit uns in den Krieg
gegen Theben?«

Parthenopaios nickte nur. Reden war das Seine
nicht.

Nun waren es also schon fünf: Polyneikes, Adrastos,
Amphiaraos, Tydeus und Parthenopaios.

Kapaneus und Hippomedon

Der sechste im Bunde hieß Kapaneus. Der hatte ein
großes Mundwerk.

Er kam eines Tages an den Hof des Adrastos und
sagte: »Ich habe gehört, da soll eine Stadt eingenommen
werden. Ich bin dabei.«

Sein Leitspruch war: »Ich werde jede Stadt erstürmen,
selbst wenn Zeus ihr Verteidiger ist.«

Dieser Kapaneus hatte sich einen Schild anfertigen
lassen, den trug er bei sich, und der war sehr kunstvoll
gestaltet, da war nämlich, seinem Wahlspruch entspre-
chend, eine Stadtmauer darauf abgebildet, und ein Mann
war gerade im Begriff, diese Stadtmauer zu erstürmen,
und dieser Mann rief aus: »Ich werde die Stadt ver-
brennen, und nicht einmal Zeus wird mich daran hindern!«

Wie soll eine Figur auf einem Schild Worte sagen können? Hatte diese Figur eine Sprechblase vor dem Mund?
Wenn ja, dann wollen wir diesen Kapaneus hochleben

lassen als den Erfinder des Comic strips! Als einer der
»Sieben gegen Theben« wird nicht allzuviel Rühmliches
über ihn berichtet.

Der siebte war ein gewisser Hippomedon. Der ist über
Beziehungen dazugekommen, er war der Neffe des Adrastos.

Mit großem Trara wurde dieser Feldzug begonnen,
mit gewaltigem Selbstbewußtsein, gewaltiger Angeberei.
Aber der Hellseher Amphiaraos wird recht behalten:
Enden wird der Feldzug in einem Fiasko.

In Theben

Wechseln wir den Schauplatz, wechseln wir von den
Vorbereitungen zum Krieg auf der Seite der Sieben nach
Theben.

Hier herrscht also Eteokles, das heißt, er ist die Ma-
rionette, er ist nur vorgeschoben, die Fäden hält sein
Onkel Kreon in der Hand.

Es finden sich Verteidiger für diesen Kreon, die sagen,
er sei der einzige gewesen, dem die Stadt Theben ein An-
liegen gewesen sei, der nicht nur auf seinen eigenen Vorteil aus war. Daß er sich nicht in den Vordergrund gespielt habe, habe nichts mit Hinterhältigkeit zu tun. Seine
Gegner behaupteten das Gegenteil.

Kreon, der Bruder der Iokaste, er hatte Theben regiert,
als König Laios ermordet wurde, bevor Ödipus die Stadt
betrat. Schon damals war seine Regentschaft nur eine
vorläufige gewesen. Er war immer nur fast König gewesen – fast, bevor Ödipus kam und die Sphinx besiegte,
und auch jetzt, da er die Fäden in der Hand hielt, da er

dem Eteokles sagte, was er zu tun hatte, auch jetzt war er nur fast, eben nur fast König von Theben.

Wollte Kreon überhaupt König sein?

Antigone und Ismene, die Schwestern von Eteokles und Polyneikes, die Töchter des Ödipus und der Iokaste, sie hatten Theben verlassen, sie waren mit ihrem Vater ins Exil gegangen. Kreon bemühte sich immer wieder, Ödipus zurück nach Theben zu holen. Aber Ödipus weigerte sich. Nie mehr in seinem Leben wolle er diese Stadt betreten, ließ er wissen.

In Theben herrschte eine bedrückte Stimmung. Die Bürger gaben sich dem Pessimismus hin.

»Es ist wie in den Zeiten der Sphinx und in den Zeiten der Pest«, sagten sie.

»Weder belagert die Sphinx unsere Stadt«, hielt Kreon dagegen, »noch schlägt uns die Pest!«

Das Schicksal des Ödipus hatte die Bürger von Theben tief und nachhaltig berührt. Sie hatten ihren König Ödipus geliebt.

Kreon wußte, es mußte etwas geschehen, damit die Leute wieder fröhlicher würden, optimistischer, selbstbewußter.

Er gründete die thebanischen Festspiele. Brot und Spiele, das war seine Devise, und er war nicht der letzte, der diese Parole ausgab. Nun wurden Sportwettkämpfe veranstaltet, Theaterstücke wurden aufgeführt, die ganze Stadt feierte ihr Fest.

Und eben zu dieser Zeit näherte sich das Heer der Sieben der Stadt. Die Thebaner bemerkten es nicht, sie waren mit ihren Festspielen beschäftigt. Zum ersten Mal nach Jahren war die Stimmung in der Stadt wieder ausgelassen und fröhlich, die Leute lachten bei den Theater-

vorführungen, waren voll Spannung bei den Sportveranstaltungen, und sie merkten nicht, welche Gefahr von
außen drohte.

Vor den Toren der Stadt nahm das Heer der Sieben
Aufstellung. Sieben Tore hatte die Stadt Theben, an
jedem Tor postierte sich unter dem Befehl einer der An-
führer ein Trupp. Um die Lage auszukundschaften,
schickte man den Tydeus vor, er solle als harmloser Fremder verkleidet die Stadt betreten und sich umsehen.

Tydeus betrat die Stadt also während der Festspiele,
und er schaute sich um, und er schaute bei den Sportveranstaltungen zu, die interessierten ihn am meisten.

Da saß er auf der Tribüne und gab seine abschätzigen
Kommentare ab. Die Thebaner, die neben ihm saßen,
hörten das nicht gern, und sie sagten: »Hast du keinen
Anstand? Du bist ein Fremder, du kommst in unsere
Stadt und machst solche Bemerkungen.«

Tydeus sagte darauf: »Wenn ihr bessere Sportler hät-
tet, dann würde ich andere Bemerkungen machen.«

So provozierte Tydeus die Bürger, und es gab einen
Aufruhr.

Da rief einer: »Ja, wenn du so schön kritisieren
kannst, Fremder, dann mach es doch besser!«

Tydeus sagte: »Na gut, wenn ihr unbedingt wollt.«

Und er beteiligte sich an den Sportveranstaltungen.
Und er siegte. Er siegte in allen Disziplinen. Tydeus
demütigte Theben, er lief schneller als jeder Thebaner,
warf den Speer weiter, warf den Diskus weiter, in allen
Disziplinen war er der Beste.

Da schmolz das Selbstbewußtsein der Bürger endgül-
tig dahin. Tydeus aber verabschiedete sich grinsend.

Ohne Zweifel, stark war Tydeus, aber klug war er

nicht. Wenn es der Plan ist, eine Stadt einzunehmen, dann sollte sich der Späher zurückhalten.

Kreon gab Befehl: »Wir müssen diesen Mann zurückholen, und wir müssen ihn in die Schranken weisen.«

Er schickte fünfzig Männer aus: »Auch wenn dieser Mann alle unsere Wettkämpfe gewonnen hat, gegen fünfzig Männer wird er sich nicht wehren können. Nehmt ihn gefangen, bringt ihn in die Stadt! Wir werden ein öffentliches Gericht über ihn halten. An seinem Tod soll sich unser Selbstbewußtsein wieder aufrichten.«

Die fünfzig Männer verfolgten den Tydeus und stellten ihn, noch ehe er das Lager der Sieben erreichen konnte. Aber Tydeus demütigte die Stadt noch einmal. Er tötete neunundvierzig Männer, einen, ausgerechnet den Schwächsten, ließ er leben.

Zu ihm sagte Tydeus: »Schau dich um, all deine Freunde, wie sie hier in ihrem Blut liegen, und ich habe kaum eine Schramme, und sie sind alle tot. Kannst du dir vorstellen, warum ich ausgerechnet dich, den Schwächsten, am Leben lasse?«

Der Mann traute sich überhaupt nicht zu reden, er schüttelte nur den Kopf.

Tydeus sagte: »Damit einer da ist, der zurück in die Stadt geht und dort mein Loblied singt. Sag den Bürgern von Theben, ich bin Tydeus, und ich bin mit weiteren sechs Männern gekommen, um eure Stadt zu zerstören. Das melde!«

Er ließ den Mann laufen, und der Mann lief in die Stadt und meldete es Kreon: »Unsere Stadt ist verloren«, zeterte der Mann. »Dieser Tydeus hat neunundvierzig Männer getötet, und mich, den Schwächsten, hat er nur deshalb übriggelassen, damit ich euch seine Stärke melde.

Und dann hat er noch gesagt, er sei einer von sieben! Alles ist verloren, alles ist verloren!«

Eteokles geriet in Panik und verkroch sich.

Kreon behielt die Nerven, er sagte: »Gut, wir können die Stadt gleich übergeben, kampflos, dann wird am wenigsten Schaden angerichtet. Aber vorher will ich mit Teiresias sprechen.«

Teiresias ist der bedeutendste Seher des griechischen Altertums, und er lebte in Theben.

»Was sollen wir tun?« fragte Kreon.

Teiresias, der Blinde, ließ sich den Flug der Vögel beschreiben.

Dann sagte er: »Halt! Der Vogelflug steht gut. Die Götter wollen ein Opfer. Zeus ist auf unserer Seite. Pallas Athene ist zwar nicht auf unserer Seite, sie ist auf der Seite des Tydeus, aber auch Ares ist auf unserer Seite. Sie wollen ein Opfer, die Götter. Ein junger Mann der Stadt soll sich freiwillig melden.«

Es fand sich ein junger Mann, er sprang vom höchsten Turm der Stadt in den Tod.

Teiresias sagte: »Nun wird Theben gerettet. Der Name des jungen Mannes soll ewig genannt werden!«

Das wollen wir hiermit tun: Menoikeus hieß dieser junge Mann.

Und Teiresias sprach weiter: »Nun werden die Sieben uns und unserer Stadt nichts anhaben können.«

Im Lager der Sieben

Als Tydeus, dieser eitle, finstere Bursche, in das Lager der Sieben zurückkam und erzählte, was passiert war, daß die Thebaner nun wußten, was ihnen bevorstand, da meinte Amphiaraos zuerst, er habe nicht richtig gehört.

»Du hast, um deine dumme Eitelkeit zu befriedigen, unser ganzes Unternehmen in Frage gestellt!« schrie er ihn an.

Aber Tydeus ließ sich nicht kritisieren. Er werde ihm den Schädel einschlagen, wenn er weiter so mit ihm rede, sagte er.

Amphiaraos war der Klügste der Sieben, und seine hellseherischen Fähigkeiten waren nicht nötig, um zu erkennen, daß es Tydeus ernst meinte.

»Wir hätten die Thebaner mitten in ihren Festspielen überraschen können«, sagte er ruhig. »Der Krieg wäre eine kurze, schnelle Sache geworden, eine Sache von ein paar Tagen, ein paar Wochen höchstens.«

»Und wer will das?« fragte Tydeus.

»Schau dir diese Mauern an«, sagte Amphiaraos. »Amphion und Zethos haben sie gebaut, auf dem weiten Erdkreis gibt es keine Mauern, die sich mit diesen hier vergleichen lassen. Nun sind die Thebaner gewarnt. Sie brauchen nicht mehr zu tun, als die Tore zu schließen.«

Wie hat sich Polyneikes verhalten? Für seine Sache sollte hier ja gefochten werden. Polyneikes stellte sich auf die Seite des Tydeus. War er dumm? Nein, er war nicht dumm, dieser Polyneikes.

Wir treffen hier auf zwei verschiedene Auffassungen. Amphiaraos war der Meinung, der Krieg diene einem Ziel, das Ziel heiße, dem Polyneikes die Macht in Theben zu verschaffen.

Tydeus dagegen sah den Zweck des Krieges im Krieg selbst. Ihm ging es um die Zerstörung der Stadt. Was daraus folgte, war ihm einerlei. Ob Polyneikes nach dem Krieg die Macht besitzt oder ein anderer, was kümmerte es ihn. Was kann die Macht in einem Trümmerhaufen schon wert sein.

Und dennoch stellte sich Polyneikes auf die Seite des Tydeus? Ja. Denn in Wahrheit war es ihm längst nicht mehr um die Macht in Theben zu tun. Er wollte seinen Bruder Eteokles vernichten, er wollte seinen Onkel Kreon vernichten. Wenn dabei die Stadt unterging, war es ihm recht.

Und wer stellte sich auf die Seite des Amphiaraos? Niemand. Die einen taten es aus Feigheit nicht, die anderen, weil sie ganz einfach seine Meinung nicht teilten. Weil sie Krieger waren, Soldaten. Was für einen Grund kann es geben, daß sich ein Krieger einen schnellen Krieg wünscht?

Ein schlechter Beginn

Kapaneus, der die großen Sprüche auf Lager hatte, er schüttelte seinen Schild und rief: »Ich werde jede Stadtmauer einnehmen, auch wenn mich Zeus daran hindern will!«

Das stand ja auch auf seinem Schild geschrieben. Und er rannte auf die Stadtmauer zu.

Zeus, der sich auf die Seite der Thebaner gestellt hatte – ja, die Götter waren in diesem Konflikt parteiisch –, Zeus blickte vom Olymp herab und sagte: »Aha, der Kapaneus«, und er schickte einen Blitz, einen kleinen, einen winzigen Blitz, ein Blitzchen, und Kapaneus war weg.

Da waren es nur noch sechs.

Das war ein schlechter Beginn. Als erster fand Tydeus das Wort.

Er sagte: »Dann werde ich eben für zwei kämpfen.«

Dann geschah folgendes: Parthenopaios, der Sohn der großen Jägerin Atalante, der sich an diesem Feldzug nur beteiligt hatte, weil ihm langweilig war, weil er gar nicht wußte, was er sonst hätte tun sollen, der sein ganzes Leben lang von einem Krieg zum anderen gezogen war, er ging ohne jede kriegerische Absicht, noch hatte der Krieg gar nicht begonnen, schlenderte außen an der Stadt-mauer entlang, und da war oben in der Mauer eine Lücke, so eine Art Schießscharte, und die Strategen der Stadt Theben meinten, diese Schießscharte sei etwas zu groß geraten, also wollte man einen Stein in diese Schieß-scharte schieben, und dann war der Stein ein wenig zu klein, und als man ihn in die Scharte schieben wollte, fiel er durch und fiel dem Parthenopaios auf den Kopf, aber für den Kopf des Parthenopaios war dieser Stein dann durchaus groß genug.

Da waren es nur noch fünf.

Und Tydeus mußte sagen: »Dann kämpfe ich eben für drei.«

Aber in den Ohren der anderen klang das nicht mehr so großartig.

Der Krieg

Als die Schlacht begann, da gab es auf der Seite der Thebaner eine große Sorge: »An welchem Tor steht Ty-deus?«

Er war der gefährlichste Gegner. Ihm mußten sie ihren stärksten Mann entgegenstellen, nämlich Melanippos.

»Ich will mich nicht gegen ihn verteidigen«, sagte Melanippos. »Ich will ihn angreifen!«

Und er öffnete das Tor. Es kam zum Zweikampf zwischen Melanippos und Tydeus, und dieser Kampf dauerte einen ganzen Tag.

Melanippos war der Sohn des Akastos, der König in Jolkos war und dort gegen Jason und Medea gekämpft und die beiden aus der Stadt gejagt hatte. Melanippos war ein Krieger von derselben Art wie Tydeus.

Übrigens: Während des Zweikampfs der beiden ruhten alle anderen Gefechte. Keiner wollte den Kampf versäumen.

Immer wieder wundere ich mich über die Göttin Pallas Athene! Ist sie doch die Klügste, und liebt sie die Klügsten. Meistens liebt sie die Klügsten. Der kluge Odysseus wird ihr Liebling sein. Jason liebte sie. Der war zwar nicht besonders klug, aber er war charmant. Perseus zog sie allen vor, er war sympathisch, fröhlich.

In all diesen Fällen kann ich ihre Zuneigung verstehen, und ich teile sie. Was aber fand sie an Tydeus? Der war nicht klug. Charmant war er nun wirklich auch nicht. Und daß es ein Gegenstück zur Fröhlichkeit gibt, dafür war er der lebendige Beweis.

Aber es ist ein Faktum: Athene liebte Tydeus. Zwar nicht für immer und ewig, das nicht...

Am Ende dieses Kampftages waren beide, Melanippos und Tydeus, so schwer verwundet, daß sie niedersanken, und es war nur noch eine Frage von Minuten, daß sie sterben würden.

Da eilte Pallas Athene in den Olymp und bat Zeus, er

möge ihr Ambrosia geben. Sie wollte ihrem Liebling Göt-
tertrank einträufeln, denn dadurch würde Tydeus unsterblich werden, und sie wollte, daß er unsterblich wird.
Zeus gab ihr das Ambrosia. Ich nehme an, er tat es aus
sportlichem Interesse.

Und während die Göttin das Ambrosia besorgte, lagen
die beiden, Tydeus und Melanippos, in ihrem Blut. Und
da trat Amphiaraos, der Hellseher, zu Tydeus.

Er sagte: »Na, was hat es gebracht?«

»Den besten Kampf meines Lebens hat es gebracht«,
sagte Tydeus.

»Aber du wirst sterben«, sagte Amphiaraos.

»Ja, ich werde sterben«, sagte Tydeus. »Aber Melanippos wird vor mir sterben. Denn ich werde ihn töten.«

»Und dafür lohnt sich der eigene Tod?« fragte Amphiaraos.

»Ja«, sagte Tydeus, »dafür lohnt sich der eigene Tod.«

Und er stützte sich auf, nahm sein Schwert, kroch zu
Melanippos und wollte ihm mit letzter Anstrengung den
Todesstoß versetzen.

»Es hat sich nicht gelohnt für dich«, sagte Amphiaraos und schlug dem Melanippos den Kopf ab. »Schau,
Tydeus, ich bin dir zuvorgekommen. Nun hat nicht einmal dein Tod einen Sinn.« Dann nahm er den Kopf und
warf ihn dem Tydeus zu.

Und Tydeus in seiner Mordgier spaltete den Schädel
des Melanippos, und in diesem Augenblick kam Pallas
Athene mit Ambrosia, und sie sah, wie Tydeus mit letzter
Lebenskraft das Hirn des Melanippos aus dem Schädel
schlürfte.

Da war Athene so entsetzt, daß sie die Schale mit dem
Ambrosia fallen ließ.

»An diesem Krieg beteilige ich mich nicht mehr«, sagte sie und hob sich davon.

Das Ambrosia floß auf den Boden, und da kam eine Schildkröte daher, und die leckte davon, und seither leben die Schildkröten sehr lang.

Tydeus, das Vieh, aber wurde in den Hades geschleudert, anstatt die Unsterblichkeit im lieben Sonnenlicht bekam er einen Platz in einem der finstersten, kältesten Winkel des Tartaros.

Da waren es nur noch vier.

Die Niederlage

Der Krieg gegen Theben wurde zum Desaster, genau wie es Amphiaraos vorausgesehen hatte.

Da nun Tydeus gefallen war, brachen die Thebaner aus, verfolgten die Reste der Angreifer. Amphiaraos, der ein Liebling des Zeus war, wurde vom Obersten gerettet. Zeus riß den Boden auf, und Amphiaraos verschwand darin, ehe er getroffen wurde, verschwand mit Rossen und Streitwagen. Er verschwand und wurde nicht mehr gesehen.

Am Ende kam es zum Zweikampf zwischen Polyneikes und Eteokles, den beiden Brüdern. Wie sie ihr Vater Ödipus verflucht hatte: Polyneikes tötete Eteokles, Eteokles tötete Polyneikes. Im selben Augenblick stießen sie sich gegenseitig das Schwert ins Herz.

Adrastos war der einzige, der den Feldzug überlebte. Im Krieg ist Feigheit eine Tugend.

Kreon und Antigone

Nun war Kreon tatsächlich König von Theben. Er verfügte, daß die Leiche von Polyneikes unbestattet auf dem
Schlachtfeld liegenbleiben müsse.

»Die Raben sollen ihn fressen«, sagte er.

Er wollte, daß die Seele seines Feindes auch nach dem
Tod nicht zur Ruhe komme.

Antigone, die Schwester von Polyneikes und Eteokles,
erfuhr davon, und sie kam nach Theben. Sie kam, um
ihrem Bruder die letzte Ehre zu erweisen. Wenigstens eine
Handvoll Erde wollte sie auf seinen Leichnam legen. Sie
mißachtete das Verbot des Kreon. Und sie bezahlte dafür
mit ihrem Leben.

Sophokles hat aus diesem Konflikt seine Tragödie
»Antigone« gestaltet. Wie gern würde ich nun in Be-
geisterung über dieses Stück ausbrechen, aber meinen
Jubel braucht Sophokles nicht.

Die Epigonen

Der einzige der Sieben, der den Feldzug überlebt hatte,
war also Adrastos. Er kam nach Hause und traf dort
seine Schwester Eriphyle.

Und er mußte ihr sagen: »Ich habe zwar überlebt, aber
dein Mann Amphiaraos, er gilt als vermißt.«

Eriphyle nahm diese Nachricht kalt entgegen. Wir
wissen, sie hatte ihren Mann nicht geliebt.

Sie hat ihren Mann nicht geliebt, aber sie hatte einen
Sohn von ihm, Alkmeon, und diesen Alkmeon liebte sie.

Adrastos sagte: »Dieser Krieg war furchtbar, wollen

wir ihn vergessen, wollen wir jetzt in Frieden leben, und wollen wir den Alkmeon aufziehen, als wäre er unser beider Kind, auch wenn wir Bruder und Schwester sind.«

So taten sie, und so vergingen die Jahre.

Alkmeon war zwanzig Jahre alt, da kam ein Mann an den Hof, der war ungefähr so alt wie er.

Der Mann stellte sich vor: »Mein Name ist Thersandros.«

Aber er sagte nicht, wer sein Vater war.

Erst als er mit Eriphyle allein war, da sagte er: »Schau mich an! Erinnere ich dich nicht an jemanden?«

Sie sagte: »Ja, du erinnerst mich an Polyneikes.«

Thersandros sagte: »Ich bin sein Sohn, und ich bin gekommen, weil ich einen zweiten Krieg will. Ich will König von Theben werden, und du, Eriphyle, du sollst mir dabei helfen.«

»Was gehen mich eure Kriege an«, sagte Eriphyle.

»Mein Vater hat dir das Halsband der Harmonia gegeben, damit du deinen Mann Amphiaraos zum Krieg überredest. Überrede du nun deinen Sohn Alkmeon, daß er mich begleitet.«

»O nein«, sagte Eriphyle. »Mein Sohn soll nicht in den Krieg ziehen. Amphiaraos habe ich gehaßt. Und daß er als vermißt gilt, das läßt mich kalt. Aber Alkmeon, meinen Sohn, den liebe ich.«

»Ich habe dir etwas mitgebracht«, sagte Thersandros. »Hier, schau es dir an, es ist das Hochzeitskleid der Harmonia. Nichts Schöneres gibt es. An Aphrodite ist das Maß genommen worden.«

»Nein«, sagte Eriphyle.

»Ach«, sagte Thersandros, »ich laß es bei dir. Schau es dir an. Probier es an. Mach ein paar Schritte darin. Wenn mich Alkmeon nach Theben begleitet, gehört das Hochzeitskleid der Harmonia dir. Überleg's dir. Morgen komme ich wieder.«

Am nächsten Tag sagte Eriphyle: »Nein.«

Am übernächsten Tag sagte Eriphyle: »Nein.«

Am dritten Tag sagte Eriphyle: »Nein.«

Und am vierten Tag sagte sie: »Ja.« Und fügte hinzu: »Das werde ich dir nie verzeihen.«

Eriphyle hielt Wort. Sie hetzte ihren Sohn Alkmeon auf, erzählte ihm von Ehre und Ruhm, woran sie selbst nicht glaubte, was sie lächerlich fand.

Und am Ende zog Alkmeon, der Sohn des Amphiaraos, in einen Krieg gegen Theben.

Thersandros hatte auch die Söhne der anderen aufgesucht, die als die Sieben gegen Theben vor Jahren losgezogen und bis auf Adrastos alle gefallen waren. Alle hatte er gewonnen, alle. Die Söhne nannten sich die Epigonen, die Nachfahren.

Und die Söhne waren erfolgreicher als ihre Väter. Da war zum Beispiel der Sohn des Tydeus, Diomedes. Wir werden diesem Diomedes beim Trojanischen Krieg wiederbegegnen. Er wird sich mit Odysseus befreunden, und er wird auch diesen Krieg überleben. Und dann wird sein Leben keinen Sinn mehr haben.

Ja, die Söhne der Sieben waren erfolgreich, aber als Thersandros als Sieger in Theben stand, da mußte er sich sagen: »Was bin ich? Ich bin der König eines Schutthaufens geworden.«

Die Bürger der Stadt waren entweder geflohen, oder sie waren tot. Die Häuser, die Tempelanlagen, die Mauern, alles war zerstört.

»Du bist der König«, sagte Diomedes.

»Ja, ich bin der König«, sagte Thersandros.

Diomedes, wie gesagt, zog weiter in den Trojanischen Krieg, und auch Thersandros schloß sich dem Feldzug gegen Troja an. Er hatte wohl keinen Spaß daran, der König eines Trümmerhaufens zu sein. Er fiel nicht im Kampf. Er fiel einem Irrtum zum Opfer, sein Tod vor Troja war ein Versehen.

Alkmeon

Als der Krieg um Theben zu Ende war, sah Alkmeon, der Sohn der Eriphyle und des Amphiaraos, daß alles sinnlos gewesen war. Er machte sich auf den Weg nach Delphi.

Er fragte die Pythia: »Was für einen Sinn hat Krieg?«

»Geh nach Hause, und töte deine Mutter«, sagte die Priesterin.

Alkmeon fragte: »Was hat das mit meiner Frage zu tun? Was bedeutet Krieg?«

Wieder bekam er dieselbe Antwort: »Geh nach Hause, und töte deine Mutter!«

Wie kam es zu diesem Orakelspruch? Es war vielleicht der einzige gefälschte Orakelspruch in der Geschichte des Orakels von Delphi. – Oh, es ist eine verzwickte Sache...

Amphiaraos, dieser Hellseher, der auch in die Gedanken der Menschen hineinkriechen konnte, der die Menschen umdrehen konnte, der sie verwirrte, wenn er sie verwirren wollte, er war von Zeus in den Erdboden aufgenommen worden. Amphiaraos kurvte mit seinem Streitwagen unter dem Erdboden herum, ewig unerlöst.

Und da kam er eines Tages unter der Erde auch nach Delphi. In Delphi ist ein Erdspalt, und durch diesen Spalt herauf dringt die Weisheit der Erde, dringt in die Pythia, die Priesterin, ein. Durch diesen Spalt hat Amphiaraos den Orakelspruch der Pythia manipuliert.

Amphiaraos gab die Schuld am ersten und die Schuld am zweiten Thebanischen Krieg seiner Frau Eriphyle. Ihr, dachte er, verdankte er es, daß er auf ewig unerlöst mit seinem Streitwagen unter der Erde herumfahren muß. Eriphyle hatte sich überreden lassen, hatte sich bestechen lassen zuerst mit dem Halsband, dann mit dem Hochzeitskleid der Harmonia. Welche Ironie! War es nicht die Hochzeit von Kadmos und Harmonia gewesen, die das eigentliche Gründungsfest der Stadt Theben war? Und nun waren Hochzeitskleid und Halsband Auslöser für ihre Zerstörung.

Aus dem Mund der Pythia sprach Amphiaraos zu seinem Sohn Alkmeon: »Geh nach Hause, und töte deine Mutter!«

Ich gebe zu, es ist nicht sehr elegant, das männliche Kriegshandwerk, das so grausam ist, auf die Eitelkeit einer Frau zurückführen zu wollen. Die Männer ziehen in den Krieg, die Verantwortung für das Entsetzen schieben sie einer Frau zu.

Alkmeon ging nach Hause und tötete seine Mutter. Die Erinnyen hetzten ihn über die Welt. Denn man darf nicht ungestraft seine Mutter töten.

Da traf er Manto, die Tochter des thebanischen Sehers Teiresias.

Alkmeon, der Sohn eines Hellsehers, Manto, Tochter eines Hellsehers – Manto sagte: »Das beste für uns ist, wenn wir schlafen. Suchen wir uns einen Platz, einen

Fleck Erde, den es zu der Zeit, als du deine Mutter getötet hast, noch nicht gab. Dorthin wollen wir uns legen und schlafen.«

Sie fanden das Schwemmland eines Flusses, das hat es noch nicht gegeben, als Alkmeon seine Mutter getötet hatte. Dorthin legten sie sich, und sie legten sich nicht auf die nackte Erde, sondern auf das Hochzeitsgewand der Harmonia, denn dieses Gewand hatte Alkmeon mitgenommen, als er seine Mutter getötet hatte.

Auf diesem Hochzeitsgewand, das ja das Brautgeschenk des Ares, des Gottes des Krieges, an seine Tochter Harmonia gewesen war, schliefen die beiden ein, Manto und Alkmeon.

Man weiß nicht, was weiter mit ihnen geschehen ist. Die Sage erzählt, daß Räuber gekommen seien, die beiden töteten und ihnen das Hochzeitskleid stahlen. Ich glaube das nicht. Niemand will dieses Kleidungsstück haben, niemand.

Poseidon

Von einem Segen, der für andere ein Fluch ist – Von Amphitrite – Von Delphinos und seinem Herzenswunsch – Von einem dialektischen Disput – Von einem neuen Sternbild

Seevölker lieben das Meer nicht. Sie fürchten es, und sie verachten es. Bergvölker lieben die Berge nicht, sie fürchten sie, und sie verachten sie. Erst ist die Furcht, dann wird die Furcht überwunden, dann wird die Quelle der Furcht verachtet, weil sie an Schrecklichem doch nicht halten konnte, was sie versprochen hat.

Das Meer ist rücksichtslos, brutal und dumm.

Und der Gott des Meeres? Er ist rücksichtslos, brutal und dumm. So begegnet uns Poseidon in der Mythologie: als zwar allgegenwärtiger Gott, der jedoch keine eigene Sagenwelt zu gründen in der Lage ist.

Kaum eine Sage wird erzählt, in der Poseidon keine Rolle spielt, sei es als gieriger Liebhaber, sei es als der Geprellte, der Verlierer, wenn er mit einer anderen Gottheit in Wettstreit tritt. Poseidon ist zweifellos die prominenteste Randfigur der griechischen Götterwelt. Eigenen Charakter, einen Geschichten stiftenden Charakter gewinnt er selten.

Poseidon hat es nicht geschafft, das Elementhafte abzulegen, immer ist er noch Allegorie. Hephaistos zum Beispiel ist viel mehr als ein personifizierter Vulkan, Ares mehr als der personifizierte Krieg, Pallas Athene steht für sich, und niemand würde sie reduzieren wollen auf eine Göttin der Klugheit, ebensowenig wie Hermes als der Götterbote ausreichend beschrieben ist.

Poseidon ist der Gott des Meeres. Und so wunderbar und riesig und allumspannend diese Funktion auch sein mag, wie wenig kann der immer zürnende, im Grunde entwicklungslose Gott aus der Funktion in einen Charakter hinüberretten.

Er liebt die Klugen nicht. Weil er selbst dumm ist. Keinen Helden haßte er je mehr als Odysseus, niemandem hat er größeren Kummer zugefügt. Poseidon war schuld daran, daß Odysseus zehn Jahre herumirren mußte, ehe er sein geliebtes Ithaka erreichte.

Die Klugen verwirren den Gott des Meeres, dann schlägt er um sich. Einmal aber war Poseidon auf einen Klugen angewiesen. Diese Geschichte will ich erzählen.

Poseidon war wie sein Bruder Zeus verliebt in die Nymphe Thetis. Thetis wollte von dem triefenden, blauhaarigen Gott nichts wissen. Für sie war kein Frage: Wenn sie sich entscheiden sollte zwischen Zeus und Poseidon, dann für Zeus.

Aber es kam anders. Themis, die alte Titanin, die Mutter des Prometheus, warnte die beiden Götterbrüder: »Über Thetis«, sagte sie, »hat Gaia, die alte Erde, einen Segen gesprochen. Thetis wird einen Sohn bekommen, der wird stärker und größer als sein Vater werden.«

»Für den Vater ist das kein Segen«, sagte Zeus, »für den Vater ist das ein Fluch.«

In der Familie des Zeus und des Poseidon hatte das Stürzen von Vätern Tradition. Sie selbst hatten ihren

Vater Kronos entmachtet, der wiederum hatte seinen Vater Uranos gestürzt.

»Aber laßt euch ruhig mit Thetis ein«, sagte Themis, »eure Chancen stehen fünfzig zu fünfzig. Sie kann ja auch eine Tochter zur Welt bringen.«

Das Risiko war zu groß. Zeus und Poseidon suchten einen anderen Mann für Thetis. Sie fanden Peleus. Sein Sohn wird Achill sein...

»Ich will aber eine Frau«, trotzte Poseidon.

»Du bist der Gott des Meeres«, sagte Zeus. »Du kannst viele Frauen haben.«

»Du bist mit Hera verheiratet«, sagte Poseidon. »Ich will es haben wie du.«

Eines Tages war Poseidon zu einem Fest auf Naxos eingeladen. Da sah er Amphitrite und verliebte sich in sie.

Amphitrite war die Tochter des Nereus und der Doris. Diese alten Meeresgottheiten lebten seit der Herrschaft des Poseidon sozusagen im Ausgedinge. Sie sind folkloristische Zutat zur Meeresmythologie, spielen in den großen Geschichten allerdings keine Rolle.

Aber sie sind keine Untertanen des Poseidon. Nereus und Doris gegenüber konnte Poseidon nicht auf sein Machtwort pochen.

»Ich will eure Tochter haben«, sagte er.

»Das ist schön«, sagten Nereus und Doris.

»Also, gebt sie mir«, sagte Poseidon.

»Das können wir nicht«, sagten die Eltern. »Wir haben fünfzig Töchter, und alle tun sie, was ihnen beliebt. Auch Amphitrite tut nur, was sie will.«

»Was soll ich tun?« fragte Poseidon.

Und Nereus und Doris sagten: »Was du tun sollst? Du

mußt Amphitrite fragen, ob sie deine Frau werden will. Ganz einfach.«

Ganz einfach, ja. Bisher hatte Poseidon noch nie gefragt, wenn er etwas haben wollte.

»Nein, fragen werde ich sie nicht«, sagte er.

Er stampfte auf Amphitrite zu, wollte sie packen. Aber Amphitrite war sehr beweglich, geschmeidig war sie, das gefiel dem Poseidon ja gerade so gut an ihr. Sie schlüpfte aus seinen Armen.

Poseidon trampelte ihr nach. Aber er erwischte sie nicht.

Und Amphitrite floh. Sie floh zum Titanen Atlas, der das Himmelsgebäude auf seinen Schultern trug. Noch war er nicht versteinert, noch hatte ihm Perseus nicht das Haupt der Medusa gezeigt.

»Beschütze mich«, bat Amphitrite. »Laß nicht zu, daß mich Poseidon mit seinen triefenden Armen an sich reißt.«

Atlas, der Titan, dem das Himmelsgebäude von den Göttern auf die Schultern gezwungen worden war, war nicht gut zu sprechen auf die Götter, und immer wieder drohte er, er werde die Welt untergehen lassen, er werde den Himmel auf die Erde fallen lassen. – Warum tat er es nicht? Es hätte auch seinen Untergang bedeutet.

Amphitrite versteckte sich zwischen den mächtigen Füßen des Atlas, und als Poseidon kam, rief sie aus ihrem Versteck hervor: »Mit einem ungehobelten Klotz wie dir möchte ich nichts zu tun haben!«

Das traf den Poseidon. Das machte ihn traurig. Er litt ohnehin unter Minderwertigkeitsgefühlen den anderen Göttern gegenüber. Zeus war mächtiger und angesehener. Athene war viel klüger als er, Hermes weltkundiger, Apoll beliebter, Aphrodite faszinierender.

Also planschte Poseidon, der blauhaarige, zu seinem Palast zurück, den er sich unten auf dem Meeresboden erbaut hatte. Über Monate war die See ruhig, spiegelglatt war die Wasseroberfläche, keine Welle kräuselte sich. Poseidon war deprimiert.

Zu dieser Zeit lebte ein Wesen im Wasser, das an Klugheit und Witz jeden anderen Meeresbewohner übertraf. Sein Name war Delphinos.

Delphinos war ein Zwischenwesen, ein Halbwesen, wie es so viele in der Mythologie gibt. Ab der Hüfte war er ein Mensch, unterhalb der Hüfte aber ein Delphin.

Dieser Delphinos hatte nur einen Wunsch: Er wollte das Wasser verlassen und an Land gehen, wollte das Delphinhafte abstreifen, wollte Mensch sein.

Delphinos erkundigte sich, warum das Meer auf einmal so ruhig sei. Er fragte bei der Palastwache des Poseidon nach, und ihm wurde gesagt: »Der Herr ist deprimiert.«

»Und warum?«

»Er will eine gewisse Amphitrite zur Frau«, hieß es, »aber die will ihn nicht.«

»Und warum will sie ihn nicht?«

»Weil der Herr angeblich zu ungehobelt sei.«

»Was heißt das?«

»Unter uns gesagt«, tuschelte der Wächter. »Unter uns gesagt: Poseidon ist dumm. Und diese Amphitrite wird wohl einen Mann haben wollen, der gut denken kann, der gut reden kann.«

Da dachte sich Delphinos: Vielleicht kann ich ein Geschäft mit Poseidon machen.

»Führe mich zu deinem Herrn«, sagte er zu dem Wächter.

Und zu Poseidon sagte er: »Was gibst du mir, wenn ich deinen Brautwerber mache und dir die Amphitrite bringe?«

»Was du dir wünschst«, antwortete Poseidon.

»Ich möchte das Meer verlassen«, sagte Delphinos.

»Warum willst du das Meer verlassen?« fragte Poseidon.

»Ich will eben«, antwortete Delphinos.

Er wollte Poseidon nicht kränken. Die Wahrheit lautete: Delphinos fand das Reich des Poseidon langweilig. Aber das konnte er dem Gott des Meeres ja nicht sagen.

Delphinos machte sich also auf und schwamm zur Küste des heutigen Marokko, wo Atlas stand.

»Amphitrite«, rief er. »Ich möchte mit dir reden.«

Amphitrite schaute zwischen den Füßen ihres Beschützers hervor, zeigte sich aber nicht.

»Was willst du?«

»Ich möchte mit dir sprechen«, sagte Delphinos.

»Worüber?« fragte Amphitrite.

»Ach«, sagte Delphinos, »das ist gar nicht so wichtig. Ich möchte dich nur reden hören, und ich würde dich auch gerne sehen.«

»Und warum?«

»Ach«, sagte Delphinos, »ich habe gehört, Poseidon ist verliebt in dich.«

»Das weiß ich«, sagte Amphitrite.

»Er ist so sehr verliebt in dich, daß er sich nicht mehr rühren kann.«

»Das rührt mich nicht«, sagte Amphitrite.

»Ich habe gehört, daß Poseidon sehr dumm und sehr

häßlich sein soll«, sagte Delphinos. »Und nachdem es ja ein Gesetz der Natur ist, daß Gleiches zu Gleichem findet, wollte ich dich gern sehen.«

»Was willst du damit sagen?« fuhr ihn Amphitrite an. »Daß auch ich dumm und häßlich bin?«

»Was soll ich sagen«, spielte Delphinos den Verlegenen, »wenn die Liebe da ist, dann darf man wohl Rückschlüsse ziehen...«

»Ich bin aber nicht verliebt in Poseidon«, unterbrach ihn Amphitrite.

»Das hoffe ich«, sagte Delphinos. »Aber andererseits, versteh mich nicht falsch, wie könnte sich Poseidon so unsterblich in dich verlieben, wenn du nicht doch wenigstens ein bißchen ihm ähnlich wärst?«

Da dachte Amphitrite kurz nach. Dann sagte sie: »Dann ist er eben nicht nur dumm und häßlich.«

»Ach«, sagte Delphinos, »das glaube ich nicht. Alle sagen, er sei nur dumm und häßlich.«

»Und du glaubst immer, was alle sagen?«

»Ja, weil sonst würden es ja nicht alle sagen.«

»Ah«, rief Amphitrite aus, »dann bist du in Wahrheit der Dumme!«

»Aber häßlich bin ich dafür nicht«, sagte Delphinos. »Wahrscheinlich bist du häßlich.«

Da trat Amphitrite zwischen den Füßen des Atlas hervor und zeigte sich. Und Amphitrite war ganz gewiß nicht häßlich, sie war sehr schön.

»So sehe ich aus«, sagte sie. »Nun zeig du dich.«

Da watschelte Delphinos mit seinem Fischunterleib aus dem Wasser, und Amphitrite lachte ihn aus.

»Du bist häßlich«, sagte sie. »Du bist häßlich und dumm!«

»Ja, vielleicht«, sagte Delphinos, »aber ich bin nicht so häßlich und dumm wie Poseidon.«

Wahrscheinlich war es Amphitrite ohnehin schon leid, sich zwischen den Fußzehen des Atlas zu verstecken, wahrscheinlich hatte sie sich inzwischen ihre Gedanken gemacht und sich gesagt, eine so schlechte Partie ist es gar nicht, die Frau des Meeresgottes zu sein. Jedenfalls willigte Amphitrite nach einem weiteren Disput ein und folgte dem Delphinos, und der brachte sie zum Palast des Poseidon, und die beiden, Poseidon und Amphitrite, vermählten sich.

Und in der Hochzeitsnacht fragte Poseidon seine Braut: »Wie hat das der Delphinos hingekriegt?«

Da erzählte Amphitrite ihrem Gemahl, daß der Schlaue ihn, Poseidon, so lange heruntergemacht habe, bis sie sich gemüßigt sah, ihn zu verteidigen, und daraus habe sich dann irgendwie ihre Zustimmung ergeben.

»Aha«, sagte Poseidon, »heruntergemacht hat er mich also.«

Und als am nächsten Tag Delphinos kam und seinen Lohn einforderte, sagte Poseidon: »Was hatten wir genau vereinbart?«

»Daß ich dein Reich verlassen darf«, sagte Delphinos.

»Das darfst du«, sagte Poseidon.

Er hob den Delphinos hoch und warf ihn aus dem Meer. So kräftig war sein Wurf, daß Delphinos bis in den Himmel geschleudert wurde.

Und dort blieb er hängen. Blieb hängen als das Sternbild des Delphin.

Nachwort

Welche Geschichte aus der griechischen Mythologie ist die schönste? Welche die spannendste? Welche hinterläßt den stärksten Eindruck? Welche Sage beunruhigt uns am meisten? Welche spricht uns heute noch besonders an? Ist es die Tragödie des Ödipus, der ohne sein Wissen so grausam in ein Schicksal verstrickt wurde? Ist es die Erzählung des Odysseus, der schlitzohrig seinen Märchenschatz vor den Phäaken ausbreitete? Oder beschäftigen die Bluttaten der Tantaliden, Pelopiden, Atriden unsere Phantasie am nachhaltigsten?

Wir wollen das Beste davon lesen, das Beste erzählt bekommen, die Rosinen wollen wir. Nun, da ich mit dem letzten Band meine Nacherzählungen der klassischen Sagen des Altertums beende, versuche ich mir Rechenschaft abzulegen. Eine Nacherzählung ist gezwungenermaßen immer eine Auswahl. Was könnte man sich unter einer Gesamtheit der griechischen Sagen auch vorstellen? Zu jeder Sage gibt es mehrere Varianten. Jeder Erzähler legte etwas Neues dazu, ließ etwas anderes weg.

The Best of – ist das nicht ein Verrat am Wunder dieser Mythologie? Erst jetzt wird mir klar, daß die einzelnen Geschichten zwar wunderschön, daß sie spannend,

beeindruckend, erschütternd sind, daß aber ihre sinn-
stiftende Botschaft doch in der Gesamtheit – auch wenn
diese nie erreicht werden kann –, im Gewebe, in den Ver-
wandtschaften und Beziehungen der einzelnen Sagen
liegt. Die Mythologie ist ein den gesamten Kosmos um-
spannendes Netz, das den, der darin lebt, nie abstürzen
läßt, das ihn immer auffängt. Die einzelne Geschichte gewinnt ihre Bedeutung erst in ihrer Verflochtenheit mit
den anderen Geschichten. Einzelne Geschichten aus dem
Ganzen herauszuhebeln, hieße den Petersdom seiner
schönen Steine wegen abreißen zu wollen.

Uns, so scheint es, bleiben allerdings wirklich nur
mehr einzelne Geschichten. Das mythische Zeitalter ist
längst vorbei. Manchmal aber ahnen wir, daß das hun-
dertfache Beziehungsgeflecht, in dem die Heroen und
Heroinnen der griechischen Sagenwelt sich bewegten, ein
ferner Spiegel sein könnte, daß der Mythos, solange er
existiert, in der Gegenwart existiert und sonst nir-
gendwo; daß auch wir am immer Wiederkehrenden teil-
haben. Dann werden Herakles, Odysseus, Theseus, Ödipus, Medea, Penelope, Antiope zu Zeitgenossen. Dann
erkennen wir, daß die griechische Sagenwelt dem aufge-
klärten Geist durchaus eine gut durchlüftete Heimstatt
bieten kann.

Register

PIPER

Michael Köhlmeier

Kalypso

Roman. 445 Seiten. Leinen

Kalypso, die verführerische Nymphe, braucht keinen
Zauber und keine Gewalt, um den unglücklichen Schiff-
brüchigen auf ihrer Insel Ogygia zu halten: Odysseus ist
ihr verfallen. Wenn er für immer bei ihr bliebe, so
verspricht ihm Kalypso, werde sie ihn unsterblich machen.
Die Unsterblichkeit ist ein großes Versprechen und
unsterbliche Liebe ein noch größeres. Zerrissen zwischen
der Sehnsucht nach der Heimat, der Gattin Penelope,
dem Sohn Telemach und der Begierde nach Kalypso,
kann Odysseus sich nicht entscheiden.
Welch epochale Kraft und tiefbewegende Lebendigkeit
heute noch in dem homerischen Epos von den Irrfahrten
des Odysseus stecken, beweist Michael Köhlmeier auch
in seinem zweiten, furiosen Roman über den größten Stoff
der Weltliteratur. Mit Witz, unerreichter Kunstfertigkeit
und kühner Raffinesse erzählt er dabei von Liebe und Tod,
Verführung und Gewalt, von Glück und tragischer
Verstrickung.

Michael Köhlmeier

Telemach
Roman. 491 Seiten. Leinen

Mit der Geschichte des Odysseus begann vor 2800 Jahren die europäische Literatur. Daß dieses alte Epos vom Mann, der durch die Welt irrt, von der Frau, die auf ihn wartet, und vom Sohn, der nach ihm sucht, bis heute lebendig ist, beweist Michael Köhlmeier in seiner wunderbaren Neuerzählung. Ohne Anstrengung schlägt diese Geschichte einen Bogen von der Antike in unsere heutige Zeit.

Im Mittelpunkt steht Telemach, Sohn des Odysseus, der seinen Vater nie gesehen hat. Inzwischen ist er zwanzig Jahre alt, und der Krieg, in den sein Vater zog, ist längst vorbei. Im Haus des Odysseus haben sich die Freier breitgemacht. Sie werben um die schöne Penelope, die Gattin des Verschollenen. Telemach sieht dem Treiben der Freier mit Verzweiflung, aber hilflos zu...

»Federnder Witz und schäumende Fabulierlust machen diese verfremdete Zeitexpedition zur wahren Lese-Lust-Wandelei.«
Focus

Sagen des klassischen Altertums
189 Seiten. SP 2371

Die Begriffe sind jedem geläufig: vom Ödipus-Komplex bis zur Achilles-Ferse, von den Tantalos-Qualen bis zum Trojanischen Pferd oder zum Danaer-Geschenk, was übrigens genau dieses Pferd ist. Aber wer kennt noch all die Sagen und Geschichten wirklich, aus denen sie stammen? Wer hat heute noch die griechische Mythologie im Kopf – jene wundervollen Geschichten, auf denen so viel in unserer abendländischen Kultur basiert? Homer hat sie uns überliefert, und Köhlmeier hat seinen Homer fürwahr im Kopf. Er erzählt sie uns neu – und ganz anders, als es Gustav Schwab vor über hundertfünfzig Jahren tat. Wie die antiken Sänger läßt er sich von den Ereignissen forttragen, erzählt er in leichtem und lockerem Ton die bewegenden Geschichten aus der Kindheit des Abendlandes.

Michael Köhlmeiers neue Sagen des klassischen Altertums
Von Eos bis Aeneas.
222 Seiten. SP 2372

Michael Köhlmeier

Moderne Zeiten
Roman. 218 Seiten. SP 1942

»Vergnüglicher kann man Zeiten und Beziehungen, Wirklichkeit und Dichtung kaum durcheinanderwirbeln...«

Die Musterschüler
Roman. 570 Seiten. SP 1684

In einem gnadenlosen Frage- und Antwortspiel wird eine alte Schuld wieder aufgedeckt: Vor 25 Jahren hat eine Schulklasse einen Mitschüler grausam zusammengeschlagen. Nun muß sie dafür Rechenschaft ablegen.

»Michael Köhlmeier hat Schuld und Scham, Macht und Moral nicht pathetisch hochstilisiert. Vielmehr wickelt er den vielfach verknoteten Handlungsfaden straff, ja flott ab und genießt komische Situationen und witzige Pointen. Sein Stil ist elastisch, mal trocken-lakonisch, manchmal auch bildhaft-mehrdeutig. Und, was am wichtigsten ist, er legt seine genau beobachteten und präzise charakterisierten Figuren nicht fest, sondern läßt ihnen den Spielraum, sich zu verändern.«

Die Figur
Die Geschichte von Gaetano Bresci, Königsmörder.
135 Seiten. SP 1042

»...eine präzise kleine Studie über die Einsamkeit des Menschen bei der Tat.«

Spielplatz der Helden
Roman. 348 Seiten. SP 1298

»Michael Köhlmeier ist ein Schelm geblieben, darüber hinaus hat er sich zu einem Erzähler von Rang entwickelt.«

Trilogie der sexuellen Abhängigkeit
123 Seiten. SP 2547

In drei ganz alltäglichen Geschichten nimmt sich Michael Köhlmeier der drei klassischen Stationen auf dem Weg zwischen Liebe und Tod an: die Bewährungsprobe der Begierde, der Verlust der Liebe, verbunden mit der Raserei der Eifersucht, schließlich die Lust an der Rache, die mit dem Tod auf die Liebe antworten will. Mit ironischem und feinnervigem Gespür läßt er das Bild des verzweifelten, tragischen, verletzlichen und dabei auch immer lächerlichen Verliebten entstehen.

SERIE PIPER

Brigitte Riebe

Palast der blauen Delphine

Ein Roman aus dem alten Kreta.
494 Seiten. SP 2274

Der berühmte Mythos vom kretischen Labyrinth, die wohl spannendste und geheimnisvollste Sage des Abendlandes – erzählt aus der Perspektive der matriarchalisch orientierten kretischen Kultur. Der Held ist Asterios, Sohn der Königin Pasiphaë und eines Stiertänzers. Er wird der erste männliche Priester, der den Orakeln zufolge Kreta vor dem Untergang retten soll. Nach einer tragischen Liebesgeschichte mit seiner Halbschwester Ariadne und dem beinahe tödlich endenden Zweikampf mit dem attischen Thronfolger Theseus scheint Asterios jedoch an seiner Mission zu scheitern…

»Zu den schönsten historischen Romanen zählt für mich Brigitte Riebes Buch ›Palast der blauen Delphine‹. Sagen, Mythen und historische Fakten werden hier zu einer spannenden Handlung verflochten. Brigitte Riebe beschwört die alte Welt der Großen Göttin, die zu jener Zeit noch mächtiger war als alle männlichen Götter des griechischen Olymp und die damals über das minoische Kreta herrschte. Es war die Epoche des Matriarchats, die mit den Eroberungszügen der Stämme vom Festland endete.«
Norddeutscher Rundfunk

»Der Roman von Brigitte Riebe wirkt wie eine traumhafte Rückkehr in die Kindheit, als wir noch an Märchen glaubten oder zumindest nicht ausschließen wollten, daß sie wahr sind.«
Sender Freies Berlin

»Die Historikerin Brigitte Riebe, die sich mit von Frauen beherrschten Kulturen beschäftigt, erzählt die Sage aus dem Blickwinkel der matriarchalisch orientierten kretischen Mythen. Entstanden ist ein mitreißender historischer Roman über Liebe, Politik und den Untergang einer Kultur.
Gala

»Eine Geschichte – so spannend wie ein Krimi.«
Madame

Stephanie Cowell

Die Ballade des Falken
Roman aus der Shakespeare-Zeit.
Aus dem Englischen von
Carina von Enzenberg. 544 Seiten.
SP 2384

Geboren in Canterbury im ausgehenden 16. Jahrhundert, hat der begabte, ungestüme Nicholas Cooke bereits mit 13 Jahren harte Schicksalsschläge erlebt: Er mußte zusehen, wie sein Vater als Dieb gehenkt wurde und wie seine über alles geliebte Mutter früh starb.

Im übersprudelnden London, inmitten von geschäftstüchtigen Kaufleuten, feuerspeienden Gauklern und dem Wagengerassel des fahrenden Volkes, versucht Nick sein Glück als Schaupieler. Der charismatische Dichter Kit Morley, der Gefallen an dem aufgeweckten Knaben gefunden hat, ebnet ihm dazu den Weg. Er verschafft ihm einen Platz in der Theatertruppe des John Heminges, dessen schöne, sanfte Frau Rebecca Nick bald in Verwirrung stürzt... Und ein weiterer passionierter Theatermann wird Nicks Freund und Förderer: Will Shagspere. Gemeinsam errichten sie an den Ufern der Themse das Globe Theatre, das später Weltberühmtheit erlangen würde. Aber Nicks unruhiger Geist treibt ihn weiter: Als sein erster Sohn von der Pest dahingerafft wird, besinnt er sich auf seinen Jugendtraum und vertieft sich ins Studium der Medizin und Theologie... Glanz und Elend des Elisabethanischen Englands werden in diesem opulenten historischen Roman lebendig. Das spätmittelalterliche London mit seinen winkeligen Gassen und imposanten gotischen Bauten, in dem Hungersnot und Pest ebenso herrschen wie die mitreißende Aufbruchstimmung zu Beginn der Neuzeit, bildet den Hintergrund für das Schicksal des jungen Nick. Er ist ein echter Held der Renaissance: von unstillbarem Wissensdurst und festem Glauben an die Kraft des Geistes, muß er doch immer wieder an seine Grenzen stoßen.

»Cowell hat ideales Urlaubsfutter geschrieben, ein großes Stück lehrreicher Unterhaltungsliteratur, das Englands größte Ära mit allen Licht- und Schattenseiten als faszinierenden Bilderbogen aufblättert.«

Welt am Sonntag

SERIE
PIPER

SERIE
PIPER

Antonio Gala

Die Handschrift
von Granada

*Historischer Roman. Aus dem
Spanischen von Lisa Grüneisen.
736 Seiten. SP 2295*

Granada 1492: Eine Epoche
beispielloser Toleranz geht zu
Ende, als Boabdil, der letzte
maurische Herrscher, die Stadt
dem katholischen Königspaar
Isabel und Ferdinand übergeben muß. Machtpolitik, reli-
giöser Fanatismus, Geldgier
und Inquisition vernichten eine
faszinierende, hochstehende
Kultur, von der die europäisch-
christliche Zivilisation maß-
geblich mitgeprägt wurde.
An die verzauberte Atmo-
sphäre aus 1001 Nacht erin-
nert die Erzählung aus dem bewegten Leben Sultan Boabdils,
des letzten maurischen Herrschers von Granada, und zeichnet zugleich ein Bild vom Untergang einer höchst verfeiner-
ten und toleranten Kultur. Auf
dem karmesinroten Kanzleipa-
pier der Alhambra schildert
Boabdil eine Welt, in der Archi-
tektur und Kunst höchste Voll-
endung erreicht hatten und in
der Raum war für verschiedene

Religionen, Nationalitäten und
Ansichten. Viele Jahrhunderte
lebten Christen, Muslims und
Juden friedlich zusammen. Die
Offenheit des Denkens reichte
bis in den intimen, privaten Be-
reich.
Die Zivilisation der Toleranz
fand mit der »Rückeroberung«
Andalusiens durch den lust-
feindlichen kastilischen Katho-
lizismus des Königspaares Isabel und Ferdinand ein jähes,
grausames Ende. Boabdils fikti-
ves Tagebuch ist der gelungene
Versuch der Rehabilitierung
einer Kultur, mit deren Vorstel-
lungen wir uns heute erneut
schwer tun: einer islamischen
Lebensweise jenseits funda-
mentalistischer Verbohrtheit.

Napoleón Baccino
Die traurige
Freiheit der Meere

*Roman aus dem Zeitalter der
Entdeckungen. Aus dem
Spanischen von Fritz Rudolf Fries.
400 Seiten. SP 2381*

Eines der verwegensten Abenteuer in der Seefahrtsgeschichte
– die mörderische Expedition
des Maghellan um die Südspit-
ze Amerikas – steht im Mittelpunkt dieses Romans.

Hilde Lermann

Die Braut des Märchenkönigs
Sophie von Wittelsbach
Biographischer Roman.
265 Seiten. SP 2436

Sophie von Wittelsbach, Schwester von Kaiserin Sisi, Verlobte Ludwigs II. von Bayern – ein Stoff, aus dem die Träume sind: Die anrührende Lebensgeschichte einer außergewöhnlichen Frau, deren Leben von ihrer unerfüllten Liebe zu Bayerns »Märchenkönig« bestimmt war.

»Man spürt noch in den Nebenhistörchen und Seitenbemerkungen, wie tief die Autorin in Geschichte und Geschichten der Zeit eingedrungen ist, um dann einen derart lockeren und atmosphärisch dichten Schmöker schreiben zu können. Ein ausgezeichnet recherchierter Roman voll Farbe, Witz und Phantasie.«
Bayerischer Rundfunk

Catherine Clément

Der unvollendete Walzer
Ein Sisi-Roman. Aus dem Französischen von Barbara Scriba-Sethe. 522 Seiten. SP 2542

»Ich habe keine Heimat und bin fortwährend auf der Reise.«

So erklärt sich im Fasching 1874 auf einem Ball in der Wiener Redoute die geheimnisvolle, in einen gelben Domino gehüllte Frau dem jungen Franz Taschnik. Der Walzer reißt die beiden in seinen Wirbel, der Beamte aus dem Außenministerium verliebt sich in die elegante Unbekannte. Als sie nach einem Kuß flieht, bleiben Franz nur ihr schwarzer Fächer und eine Ahnung – wurde die geheimnisvolle Dame in einem unbedachten Moment doch mit »Eure Majestät« angesprochen! In diesem außergewöhnlichen Roman entwickelt Catherine Clément das faszinierende Porträt der Elisabeth von Österreich, zerrissen zwischen Hochmut und tiefer Trauer. Sie ist die unnahbare Kaiserin und möchte doch die Freuden der kleinen Leute genießen, sie will ihre Liebe allen Verrückten der Welt schenken und verwehrt sich ihrem eigenen Mann. »Vor uns liegt das lebendigste, wahrhaftigste und erschütterndste Porträt von Sisi, das die Historiker uns geliefert haben«, urteilte die Kritik in Frankreich, wo der Roman als Bestseller und literarische Sensation gefeiert wurde.